ALPENZUSHI

isa
VERLAG

Alex & Angkana Neumayer - Wolfgang Peter Wieland

ALPENZUSHI

SUSHI AUS DER HEIMAT – NEU INTERPRETIERT

INHALT

VORWORT

AlpenZushi? Was ist das denn? Haben sich die Autoren bei dem Buchtitel etwa vertippt? Und was hat Sushi mit den Alpen zu tun? Sushi kommt doch aus Japan und dort heißen die Berge Yama und nicht Alpen.

Nun was auf den ersten Blick überhaupt nicht zusammenpasst, macht auf den zweiten Blick wirklich Sinn. Obwohl die japanischen Berge nicht ganz so hoch sind wie die europäischen Alpen (der höchste und zugleich auch bekannteste Berg Japans ist der Mount Fuji mit 3.766 m), gibt es viele Gemeinsamkeiten. Zum Beispiel wird das Hida Gebirge auch japanische Nordalpen genannt und das Akaishi Gebirge japanische Südalpen.

Auch sind die Essgewohnheiten der japanischen Gebirgsbevölkerung sehr ähnlich wie die der europäischen Alpenbevölkerung. Dies trifft zwar nicht auf die Zutaten zu, aber sehr wohl auf die Zubereitungsarten. Es wird getrocknet, fermentiert, geräuchert und eingelegt, ähnlich wie in den Alpen. Auch gehen die Japaner gerne in die Berge. Sie wandern, fahren Ski und genießen die Natur und ihre Schönheiten.

Dass die Autoren nun diesen Titel gewählt haben, macht also Sinn. Die Idee, eine Sushi-Zubereitung in die Alpen zu bringen und mit hiesigen Produkten zu kombinieren, ist naheliegend. Die Japaner hätten es, wären Sie in den Alpen auf die Welt gekommen, bestimmt auch so gemacht. Also nichts Besonderes? Oh doch!

Die Autoren haben mit AlpenZushi eine neue Art von Sushi entdeckt, die es eigentlich schon längst geben sollte. Eine Balance an Produkten, die zum Teil südlich der Alpen und zum anderen Teil nördlich der Alpen angebaut werden, ist das Geheimnis der Rezepte. AlpenZushi zeigt auf raffiniert nachhaltige, saisonal vielfältige Weise, was die Natur im Alpenraum zu bieten hat. Die Zubereitungsarten, die uns in dieser Form noch etwas fremd sind, könnten auch genau so gut eine alpenländische Erfindung sein.

Eine spannende Fusion zweier Kulturen, die bei genauerem Hinsehen kulinarisch näher liegen als geografisch. Ein gelungenes Werk, um Neues zu entdecken, auch für jene, die auf Fleisch und Fisch verzichten möchten.

Viel Spaß mit AlpenZushi!

Thomas Camenzind
Google Food Services Manager und geerdeter Alpenbürger

DIE AUTOREN

Alex & Angkana Neumayer

Angkana, eine gebürtige Thailänderin und Alex Neumayer aus dem Salzburger Gasteinertal sind Asia-Koch-profis und ausgezeichnete Experten für Obst- und Gemüseschnitzen, Meister der Eis-Skulpturen und Schokoladen-Schnitzerei sowie Sushi-Experten. Sie gewannen bei den größten internationalen Wettbewerben Goldmedaillen für ihre Kochartistik, u.a. vier Mal bei der Olympiade der Köche, sowie fünf Mal beim Culinary World Cup.

Sein Wissen und seine Kenntnisse um die verschiedenen asiatischen Küchen und Kochartistik eignete sich Alex Neumayer während seiner langjährigen Tätigkeiten als Kuchenleiter in 5*-Hotels im sudasiatischen Raum an. Auf Märkten und in kleinen Dörfern schaute er in die Töpfe heimischer Köche. Angkana Neumayer befasst sich mit der Küche ihres Heimatlandes sowie den Küchen anderer asiatischer Ländern ebenfals seit vielen Jahren.

All ihre Erfahrungen geben sie in Kursen und Seminaren weiter - egal ob für Chefs internationaler Top-Hotels, Hobby-Köche oder Gourmet-Freunde.

Auf der Webseite von Alex & Angkana, www.kochenundkunst.at finden Sie neben den Galerien mit zahlreichen, über die Jahre entstandenen essbaren Kunstwerken auch einen Webshop, spezialisiert auf den Versand von Küchenhelfern, Deko- und Gemüse-schnitzwerkzeugen.

Im Jahre 2009 erhielten Alex & Angkana für ihr Anleitungsbuch „Tischdekorationen aus Obst und Gemüse zum Selbermachen" den „Gourmand Cookbook Award".

Nachdem die Sushi-Kompositionen von Alex & Angkana bei Gästen und Workshop-Teilnehmern immer gefragter wurden, entwickelte sich mehr und mehr die Idee zum traditionellen Sushi aus saisonalen und heimischen Zutaten. Das war denn auch die Geburtsstunde des AlpenZushi, aus dem sich immer wieder neue Geschmackskompositionen entwickeln.

Mehr über Alex & Angkana auf der Website:
www.kochenundkunst.at

Wolfgang P. Wieland

Wolfgang P. Wieland blickt auf eine 35jährige internationale Karriere in der Hotellerie- und Systemgastronomie sowie in der Lebensmittelindustrie zurück. Als gelernter Koch machte er Station in verschiedenen namhaften 5*-Hotelbetrieben in der Schweiz, Norwegen und Österreich. Seine Management- und Führungskenntnisse baute er in verantwortlicher Position bei Sheraton Hotels International in Australien aus.

Von der Hotelindustrie wechselte Wolfgang P. Wieland in die Airline-Catering-Industrie. Als Manager für Produktion, Logistik und Produktentwicklung war er innerhalb der Konzerne Lufthansa LSG, Swiss Air Group und SAS in Asien und Europa tätig. Später brachte er noch seine Erfahrungen bei der Produktentwicklung der Fine Food-Produktionsstätte „Future Food" in Santiago de Chile ein, die er neu aufbaute und im Markt erfolgreich etablierte.

Nach den Auslandsaufenthalten kehrte Wolfgang P. Wieland zurück in die Schweiz, in den Kanton Schaffhausen. Als operativer Leiter und Prokurist von Restorama Restaurants - ein Cateringunternehmen der Swiss Air Group - war er für über 100

Systemrestaurants im Business-Bereich zuständig. Außerdem positionierte sich Wolfang P. Wieland als Geschäftsführender Gesellschafter des Consulting-Unternehmens Gourmet Competence GmbH in den vergangenen 15 Jahren auch in der Systemgastronomie- und Cateringszene. Zum Kundenkreis zählen internationale Firmen mit großen Verpflegungseinrichtungen, Catering-Unternehmen, Krankenhäuser und Nahrungsmittelproduzenten.

Um seine neu entwickelten Food-Konzepte optimal auf dem Markt umzusetzen, gründete Wolfgang P. Wieland mit einem Partner ein eigenes Catering-Unternehmen, die Royal Business Restaurants GmbH (RBR) in Deutschland und der Schweiz. Das Markenzeichen der RBR sind innovative Food- sowie Service-Konzepte.

Das speziell entwickelte Food-Konzept CHICUCINA – kochen nach 5 Elementen – ist eine Innovation und einzigartig auf dem europäischen Markt. 2007 wurde das Catering-Unternehmen Royal Business Restaurants GmbH mit dem Food-Konzept CHICUCINA zum Caterer des Jahres in Deutschland gewählt und 2014 für CHICUCINA mit dem „Best of Swiss Gastro Award" im Bereich Business und Care ausgezeichnet.

In der Zusammenarbeit mit Alex und Angkana Neumayer hat Wolfgang P. Wieland das Produkt AlpenZushi lanciert – mit dem Ziel, Sushi in einer neuen Form mit einheimischen Produkten dem Gast näher zu bringen. Daraus und aufgrund der großen Nachfrage von Gästen nach Rezepten entstand auch die Idee, das Buch über AlpenZushi zu schreiben.

Mehr über Wolfgang P. Wieland erfahren Sie auf den Websites:
www.gourmetcompetence.com
www.chicucina.com

WAS IST SUSHI ?

Die Inspiration für eines der gesündesten Gerichte der Welt stammt aus Südostasien. Aus der Methode, Süßwasserfisch zu konservieren, entwickelten sich im Laufe der Zeit die verschiedensten Formen des heute so beliebten Sushis. Sushi ist also nichts weiter als eine Kombination aus verschiedenen frischen Zutaten und klebrigem Reis. Diese Definition lässt jedoch kaum erahnen, welche kulinarische, einmalige Köstlichkeit sich hinter „Sushi" verbirgt.

Oft wird der Begriff „Sushi" falsch interpretiert. Viele denken, wenn sie Sushi hören, ausschließlich an Fisch und Meeresfrüchte. Andere glauben, es handle sich nur um Nigiri oder Maki-Rollen. Es gibt auch schon Kreationen mit anderen Zutaten anstelle von Sushi-Reis, die ebenfalls eingerollt und dann fälschlicherweise als heimisches Sushi bezeichnet werden. Aber: Ohne Reis kein Sushi.

Steht vor „Sushi" noch ein weiteres Wort, handelt es sich um eine abgewandelte Art und das Wort „Sushi" wird automatisch mit einem „Z" geschrieben - wie beim AlpenZushi.

Ein guter Sushi-Koch ist ein Meister seines Fachs: Er schneidet, formt und arrangiert und verarbeitet die belegten oder gefüllten Kunstwerke mit Zutaten wie Gemüse, Fisch, Fleisch, Ei oder Tofu. Die zwei bekanntesten und beliebtesten Sushi-Formen sind Nigiri und Maki. Nigiri-Zushi wird mit der Hand aus Reis geformt und dann belegt. Für Maki-Zushi kommt der Reis auf eine Bambusmatte, wird belegt und dann aufgerollt. Oshi-Zushi entsteht, wenn die Zutaten in einer Form geschichtet, gepresst und anschließend in mundgerechte Stücke geschnitten werden. Chirashi-Zushi ist eine Sushi-Art, die in einer Schale serviert und mit verschiedenen Toppings garniert wird.

WOHER KOMMT SUSHI ?

Die Sushi-Kochkunst hat eine jahrhundertelange Tradition. Wussten Sie, dass sie entwickelt wurde, um frischen Fisch haltbar zu machen? Frei übersetzt bedeutet Sushi nämlich „gesäuerter Reis" - das ist nicht nur ein direkter Hinweis auf die zentrale Geschmacksrichtung des Sushi-Hauptbestandteils, sondern auch auf die Entstehungsidee von in Reis konserviertem Fisch.

Sushi ist kein ursprünglich japanisches Gericht, sondern wurde von den Bewohnern entlang des südostasiatischen Flusses Mekong entwickelt. Dabei umhüllten sie den ausgenommenen und gesalzenen Fisch mit gekochtem Reis und beschwerten ihn mit Steinen. Möglichst luftdicht abgeschlossen lag die Haltbarkeit der Fische durch die sogenannte Milchsäuregärung – ähnlich wie beim Sauerkraut - zwischen zwei Monaten bis zu einem Jahr. Der säuerlich gewordene Reis wurde früher jedoch nicht gegessen. Erst später erkannten die Menschen, dass sich die Fermentation wesentlich verkürzen lässt und der Reis genießbar wurde, indem sie Essig zugaben.

Im 18. Jahrhundert entwickelten sich die Frühformen zu den modernen Sushi-Arten. Damals stieg im heutigen Tokio mit dem Reichtum der Bevölkerung auch der Genuss von Meeresfischen. Und so verbreiteten sich die heute als Nigiri bekannten, handgeformten und belegten Sushi im ganzen Land.

Außerhalb Japans wurde Sushi erst im 20. Jahrhundert bekannt. Zunächst in Kalifornien, wo eingewanderte japanische Köche die ersten Sushi-Restaurants eröffneten. Ein Hinweis darauf, dass der Erfolgsweg an der amerikanischen Westküste begann, ist auch der Zweitname einer der beliebtesten Sushi-Arten: „California Roll". Die Entwicklung zum modernen Sushi war im frühen 20. Jahrhundert abgeschlossen, dennoch experimentieren auch heute noch japanische Köche an neuen Varianten.

WAS STECKT IN SUSHI ?

Die Milchsäuregärung gehört neben dem Trocknen und Salzen zu den ältesten Methoden, Lebensmittel zu konservieren. Sie wird auch für die Herstellung von Sauerkraut angewandt, aber es ist nicht bekannt, wer sie „erfunden" hat. Fest steht allerdings, dass sich beim Bau der Chinesischen Mauer im 3. Jahrhundert v. Chr. die Handwerker vorwiegend von gesäuertem Kohl und Reis ernährten. Auch der griechische Arzt und Philosoph Hippokrates erwähnt in seinen Schriften das Sauerkraut.

In alten Rezepten der Klosterkunde und bei Hildegard von Bingen gibt es Hinweise auf die gesundheitlichen Aspekte der Fermentation. So hat denn auch der für Sushi verwendete gesäuerte Reis durch seine wertvollen Enzyme gesundheitliche Aspekte und positive Auswirkungen, z.B. auf den Stoffwechsel und die Verdauung.

Japaner essen regelmäßig Sushi und haben mit durchschnittlich 82,9 Jahren die höchste Lebenserwartung weltweit. Ist das ein eindeutiger Beweis, wie gut die Röllchen für die Gesundheit sind? Ein japanisches Sprichwort sagt: „Ein fleißiges Mühlrad friert nie ein." Weit über die Grenzen des Landes des Lächelns hinaus sind die Japaner für ihren Fleiß bekannt. Sie leben, um zu arbeiten und nicht anders herum. Es ist erwiesen, dass die ältesten Menschen der Welt alle bis ins hohe Alter gearbeitet haben. Sie bauen geistig nicht so schnell ab, sind körperlich fitter und durch das Gefühl gestärkt, gebraucht zu werden. Dabei hat auch die Ernährung einen positiven Einfluss auf die Lebenserwartung.

Gründe, warum Sushi eine sehr gesunde Mahlzeit ist:

- Sushi enthält viele Nährstoffe und wenig Fett. Frischer Fisch liefert wichtiges Eiweiß, gesunde Fett-säuren und wertvolle Mineralstoffe. Die Nori-Algen, die Sushi oft umhüllen, bestehen zu 40 Prozent aus Proteinen und enthalten ebenfalls so gut wie kein Fett.
- Sushi-Reis lässt während des Verdauungsprozesses den Blutzuckerspiegel langsamer steigen - das Sättigungsgefühl hält länger an.
- Sushi wird aus frischen Lebensmitteln zubereitet.
- Sushi ist eine kalorienarme, aber dennoch vollständige Mahlzeit.

WIE ESSEN SIE SUSHI RICHTIG ?

Messer und Gabel legen Sie einfach weg und genießen das Fingerfood mit Stäbchen. Wenn Sie allerdings mit Stäbchen unsicher sind, essen Sie es besser mit den Fingern – die ursprüngliche Art.

Sushi aber niemals mit den Stäbchen „aufspießen", auch wenn das als praktische Methode plausibel erscheint. Möglichst die Sushi-Stücke nicht abbeißen, denn sie werden deshalb in kleinen Portionen serviert, um im Ganzen verspeist zu werden.

Ertränken Sie die wertvollen Sushi-Zutaten auf keinen Fall in der Soja-Sauce. Bei Nigiri wird beispielsweise nur die Fischseite leicht in die Sauce gedippt und nicht der Reis, der würde in Sekundenschnelle zerfallen, und dann bleibt am Gaumen nur noch der salzige Geschmack der Soja-Sauce übrig. Bei Maki tunken Sie ganz vorsichtig die Nori-Seite, also die Algen-Seite, in die Sauce, aber nur wenn es keine Inside-Out-Rolle ist. Bei der Inside-Out-Rolle liegt das Algenblatt nämlich in der Mitte der Sushi-Rolle und schließt außen mit einer Reisschicht ab. Und zu guter Letzt beachten Sie noch, dass beim Nigiri-Zushi immer die Belagseite zuerst auf der Zunge ankommen soll! Das heißt: Das Stäbchen einmal umdrehen, bevor es Richtung Mund geht.

WER BEGLEITET SUSHI ?

Als Beilagen zum Sushi gibt es zum einen Soja-Sauce, in die die kleinen Reis-Häppchen getunkt werden. Außerdem wird Gari, süß-sauer eingelegter Ingwer, dazu serviert. Um dem ganzen etwas Schärfe und eine besondere Note zu verleihen, kann auch Wasabi, eine grüne Paste aus japanischem Meerrettich, zum Sushi gegessen werden. Seien Sie jedoch sparsam mit Wasabi, er kann sehr scharf sein.

Zwischen den verschiedenen Sushi-Gängen essen Sie etwas Gari, um die Geschmacksknospen wieder aufzufrischen und den Gaumen für die nächsten Sushi-Stücke vorzubereiten. Bei der Zubereitung gibt der Sushi-Chef bereits die richtige Menge Wasabi dazu, bevorzugen Sie jedoch etwas extra Wasabi, nehmen Sie wenig davon auf das Stäbchen, mit dem Sie Sushi essen.

TIPP: Mischen Sie niemals Wasabi mit Soja-Sauce!

WARUM ALPENZUSHI ?

Die Idee, die hinter AlpenZushi steht, ist die Verbindung einheimischer und saisonaler Produkte, die den Kreationen die heimische Geschmacksnuance geben. Das Wichtigste dabei: Frische und Qualität der Zutaten! Sei es nun Gemüse aus dem eigenen Garten oder vom Wochenmarkt und frisch gefangener Fisch. Dabei verwirren die Autoren dieses Buches nicht mit japanischen Kochmethoden, sondern legen den Fokus auf eine traditionelle und fachgerechte Zubereitung mit möglichst vielen heimischen Zutaten.

Mit den anschaulichen Schritt für Schritt-Fotoanleitungen zur Zubereitung von Maki, Nigiri, Temaki, Oshi und Chirashi bietet „AlpenZushi" nicht nur häppchenweise japanischen Genuss, sondern zeigt auch Tipps und Tricks, wie sich Sushi ganz einfach zubereiten lässt. Daneben präsentiert das Buch alternative Sushi-Varianten und ergänzt das Wissen rund um Sushi-Dips und Beilagen.

Und wenn Sie Ihre Gäste einmal echt genussvoll überraschen möchten, finden Sie das eine oder andere Spezial-Sushi, das die Autoren für dieses Buch kreiert haben.

ZUTATEN

AUS ASIEN

Für die Zubereitung von AlpenZushi wurden neben den heimischen, saisonalen Produkten nur die acht traditionellen, asiatischen Zutaten sowie eine scharfe Chili-Sauce und Sesam-Öl verwendet.

Frischer Ingwer

Frischer Ingwer darf in der Sushi-Küche nicht fehlen. Dabei handelt es sich um den großen, fleischigen Wurzelstock (Rhizom) und nicht um die Wurzel der Gewürzpflanze. Sie wächst in den südasiatischen Tropen und Subtropen und bildet das Rhizom horizontal in der Erde. Es ist innen gelblich und sehr aromatisch. Je länger das Gewächs in der Erde steckt, umso schärfer wird es. Junger Ingwer braucht nicht geschält zu werden, lediglich die Augen am Ende der Triebe müssen entfernt werden.

Gari

Gari ist die japanische Bezeichnung für süß-sauer eingelegten Sushi-Ingwer. Er schmeckt nicht nur lecker, er ist auch gesund. Da der Ingwer vor dem Einlegen im Glas nur kurz blanchiert wird, bleiben die gesundheitsfördernden Inhaltsstoffe erhalten. Der Ingwer wird zwischen den einzelnen Sushi-Gängen gegessen, um den Geschmack der unterschiedlichen Aromen zu neutralisieren.

Kikkoman Soja-Sauce

Der Klassiker ist die japanische Soja-Sauce von Kikkoman, die in keinem Dip fehlen darf. Dabei handelt es sich um eine natürlich gebraute Soja-Sauce ohne Konservierungsmittel. Hergestellt wird sie nach einem traditionellen Rezept aus den vier natürlichen Zutaten: Sojabohnen, Weizen, Wasser und Salz. Am bekömmlichsten und gesündesten ist die mit 43 % weniger Salz gebraute Sauce, übrigens erkennbar am grünen Verschluss. Es gibt auch eine glutenfreie Soja-Sauce von Kikkoman, die Tamari heißt.

Nori

Nori ist der Oberbegriff für verschiedene Sorten von Rot- und Grünalgen, die zum Einwickeln von Maki- und Temaki-Zushi verwendet werden. Sie stammen aus Kulturen in Japan und Korea. Die Algen wachsen nicht im Meer, sondern vor allem an Flussmündungen. Damit aus diesen Rot- und Grünalgen Nori wird, werden sie nach der Ernte mit Süßwasser gewaschen, zerkleinert, anschließend papierdünn gepresst und getrocknet. Nori schmecken mild, leicht süß und haben eine angenehm knusprige Konsistenz.

Reisessig

Japanischer Reisessig (4 % Säure) ist unverzichtbar für die Veredelung des Sushi-Reises und seinen typischen Geschmack. Er verhilft dem Reis nicht nur zu seinem einzigartigen Aroma, sondern auch zu seinem typischen Glanz. Als Alternative gibt es auch fertige Sushi-Reis-Würzmarinaden (3 % Säure).

Sake

Sake ist der japanische Reiswein, der nicht nur aufgrund seiner vielen Sorten, sondern auch seiner Reinheit eine Köstlichkeit darstellt. Das „Getränk der Götter", wie es die Japaner bezeichnen, kann kalt und warm getrunken werden. Für den Trinkgenuss sollte er allerdings qualitativ hochwertig sein. In der Küche zum Kochen für Marinaden, die das Fleisch zart machen, Dip-Saucen und auch für den Sushi-Reis reicht ein preiswerterer Sake. Sein Alkoholgehalt liegt zwischen 14 und 20 %. Als Ersatz nehmen Sie am ehesten einen trockenen Sherry. Mirin ist die süße Variante des Reisweins. Er hat weniger Alkoholgehalt und eignet sich nur zum Kochen.

Scharfe Chili-Sauce

Eine gute scharfe Chili-Sauce können Sie ganz einfach auch selbst machen (Rezept siehe Seite 137).
Eine hochwertige, fertige Chili-Sauce ist die würzige, leicht säuerliche Thai Sriracha-Sauce, die nach einer Stadt am Meer in Thailand benannt ist. Der Schlüssel zu ihrem feinen Aroma ist die Verwendung frischer Chilis.

Sesamöl

Die asiatischen Sesamöle werden aus 100 % geröstetem Sesam hergestellt und sind daher sehr intensiv und nussig im Geschmack. Dosieren Sie also vorsichtig und mischen Sie das geschmacksintensive Sesamöl immer zuletzt in die Rezeptur.

Sushi-Reis

Die wichtigste Zutat für AlpenZushi ist der Sushi-Reis. Verwenden Sie nicht irgendeine Reissorte, sondern eine Rundkornsorte, die einen besonders hohen Stärkegehalt hat – schließlich sollen die Körner ja zusammenhalten! In den Rezepten wurde vorzugsweise die Variante mit kleiner Körnung verarbeitet.

Ursprünglich kommt der Sushi-Reis natürlich aus Japan. Inzwischen werden jedoch nur geringe Mengen ins Ausland exportiert, da die Japaner offensichtlich selbst einen großen Reishunger haben. Glücklicherweise wird auch in Kalifornien genügend Sushi-Reis angebaut. Der kalifornische Reis gilt im Übrigen unter Japanern als besonders hochwertig. Inzwischen wird in anderen Ländern und in Europa Qualitäts-Sushi-Reis angebaut. Alles rund um den Sushi-Reis finden Sie im Kapitel „Sushi-Reis richtig zubereiten".

Wasabi

Was wäre Sushi ohne Wasabi, den japanischen Meerrettich? Er hat ein ähnliches, aber etwas milderes Aroma als der heimische Meerrettich und ist leicht grün gefärbt. Verwendet wird von der Wasabi-Pflanze nur der Stamm, nicht die Wurzel. Durch das Zerreiben auf einem Holzbrett, das mit Haifischhaut bespannt ist, entsteht die grüne Paste. Wasabi schmeckt traditionell nicht nur scharf, sondern verfügt auch über eine leicht süßliche Note. In den Märkten gibt es Wasabi als fertige Paste und in Pulverform. Das Pulver wird 1:1 mit Wasser zu einer pastösen Konsistenz gerührt. Oft ist auch bei den hierzulande erhältlichen Wasabi-Produkten Meerrettich ein großer Bestandteil und zusätzlich grün eingefärbt.

AUS UNSERER HEIMAT

Verwenden Sie ausschließlich qualitativ hochwertige, heimische Zutaten. Denn nur wenn die Qualität stimmt, fühlen sich Körper und Geist nach dem Essen wohl. Einige der folgenden Zutaten sind bisher unüblich für die Sushi-Zubereitung, sie geben dem AlpenZushi jedoch eine ganz besondere Geschmacksnote.

Blattsalate

Ob Frühsalat, Rucola, Löwenzahn oder Blätter aus dem Garten – Hauptsache der Salat fürs Sushi ist frisch!

Essig und Öle

Qualitativ hochwertige Essige ersetzen bei der Zubereitung von AlpenZushi manchmal den Reisessig in der Würzmarinade für den Sushi-Reis. Und auch selbstgemachter Rosenessig gibt ein gutes Aroma. Beachten Sie dabei den Säuregehalt des Essigs. Das Rezept zur Herstellung der Sushi-Reis-Würzmarinade ist auf einen Reisessig mit 4 % Säure abgestimmt. Bei den Ölen steht Olivenöl ganz weit oben auf der Liste, genauso wie erfrischendes Zitronenöl. Haben Sie kein Zitronenöl zur Hand, mischen Sie Olivenöl mit etwas Zitronensaft und geriebenen Zitronenschalen.

Flusskrebse

Der frische Flusskrebs ist eine Delikatesse. Im Sommer, wenn die Flüsse warm genug sind, beginnt die Fangsaison. Frische Flusskrebse tauchen Sie sofort in kochendes, gewürztes Wasser. Dann den Topf vom Herd nehmen und die Krebse ein paar Minuten ziehen lassen. Die Krebse auf keinen Fall kochen, das macht ihr Fleisch weich! Einfacher ist, auf gegarte Flusskrebsschwänze in Salzlake zurückzugreifen. Sie sind schon essfertig eingelegt und müssen nur in einem Sieb gut abtropfen.

Fleisch und Geflügel

Rind, Wild, Gans, Ente – nur das beste und geschmackvollste Fleisch und Geflügel ist für AlpenZushi gut genug. Frisches Rind- und Wildfleisch kann sehr gut roh oder nur ganz kurz angebraten für Sushi verwendet werden. Gans und Ente schmecken geräuchert, gebraten oder auch als Confit eingekocht.

Frische Waldpilze

Pilze als Zutat sind auch im traditionellen Sushi keine Seltenheit. Frische Waldpilze übertreffen jedoch im Aroma die Zucht-pilze bei weitem. So wurden in den Rezepten für AlpenZushi im Sommer und Herbst heimische Pilzsorten verarbeitet, wie Pfifferlinge und Steinpilze. Die Pfifferlinge sollten jung und knackig sein, damit sie nach dem Rösten schön fest bleiben. Da die Steinpilze für Nigiri roh sein müssen, sollten auch sie ganz jung sein. Rohe Steinpilze sind das Beste, was der Wald zu bieten hat. Denn aus ihnen „hüpft sozusagen das ganze Waldaroma heraus". Wenn Sie nur ausgewachsene Steinpilze bekommen, braten Sie sie vorher einfach kurz an.

Frische essbare Blüten

Es ist ein uralter Brauch, Speisen und Getränke mit essbaren Blüten anzureichern. Selbstverständlich sind die besten und frischesten Blüten immer noch die, die im hauseigenen Garten oder in der Natur selbst gepflückt werden, wie Holunderblüten, Kapuzinerkres-se oder Rosenblüten. Sie verfeinern mit ihren reichen Geschmacks- und Würznuancen auch AlpenZushi und sind optisch eine wahre Freude.

Tipp: Ein Blütenessig mit Linden- und Holunderblüten bringt Frische in die Salatsauce und ist unglaublich gesund!

Frische Kräuter

Heimische Kräuter sorgen für Frische und Würze von Sushi. Sie ge-hören in den Sushi-Reis oder werden für Füllungen und Dekoration verwendet. Wichtig dabei ist, dass die Kräuter immer frisch zuge-geben und nicht mitgekocht werden. In den Rezepten für AlpenZushi wurden Melisse, Minze, Basilikum, wilder Majoran, Thymian, Salbei und Rosmarin verwendet.

Frische Sprossen und Kresse

Alle Sprossen-Sorten, die Sie selbst ziehen oder auf dem Markt bekommen, können für Sushi verwendet werden. Finden Sie im Gebirgsbach etwas Bachkresse - dann rein damit ins Sushi!

Früchte

Für den fruchtigen, erfrischenden Geschmack sorgen beim AlpenZushi je nach Jahreszeit Birnen, Äpfel, Aprikosen und Erdbeeren.

Geräuchertes und Luftgetrocknetes

Die geräucherten und luftgetrockneten Produkte aus den Alpen passen perfekt zu AlpenZushi. Nur achtgeben, dass es nicht zu salzig wird.

Heimische Fische

Welchen heimischen Räucherfisch oder gebeizten Fisch auch immer Sie bekommen, er ist gut für Sushi verwendbar. (Beizen Sie selbst, einige Rezeptvorschläge dazu finden Sie auf Seite 130) Für AlpenZushi wurden Bachforelle, Reinanke und Saibling aus heimischen Seen und Flüssen sowie Lachsforelle aus der Zucht verwendet. Wenn Sie lieber Meeresfische wie Thunfisch, Snapper oder Lachs bevorzugen, können Sie diese Fischarten auch für die AlpenZushi-Rezepte verwenden.

Nüsse und Samen

Bei den AlpenZushi-Rezepten finden Sie kein traditionelles Sesam, dagegen aber Kürbis- und Sonnenblumenkerne sowie Walnüsse. Der Körndl-Reis wird mit Grünkern, Buchweizen, Goldhirse und Leinsamen verfeinert.

Wintergemüse

Wintergemüse sind die Gemüsesorten, die im Herbst geerntet und für den Winter eingelagert werden. Sie sind unbedingt notwendig für Herbst- und Winter-Zushi.

Nicht im Buch enthalten aber sehr populär

Tuna, Lachs oder Avocados sind eigentlich einige ganz beliebte Zutaten für Sushi. Da bei den Fischen und Gemüsen nur auf Zutaten aus der Alpenregion zurückgegriffen wird, sind sie in keinem der Rezepte enthalten. Nach Belieben können Sie aber anstatt anderer Fische oder Gemüse für alle Rezepte verarbeitet werden.

WICHTIGE KÜCHENUTENSILIEN

Wenn Sie Sushi zubereiten, sollten Sie einige Küchengeräte griffbereit haben, die die Herstellung der kleinen Häppchen vereinfachen.

Bambusmatte (Makisu)

Mit Hilfe der traditionellen Matte wird Maki-Zushi gerollt. Für Inside-Out-Maki umwickeln Sie die Bambusmatte mit Frischhaltefolie, sodass der Reis nicht an der Matte kleben bleibt. Die Makisu sollte immer trocken sein.

Edelstahl-Formen

Mit Formen aus rostfreiem Edelstahl können Sie Sushi auch anders gestalten.

Ess-Stäbchen

Sind zum Essen der Sushis nicht unbedingt notwendig, da Sushi ja Fingerfood ist.

Feine Reibe mit Restehalter

Sie benötigen eine feine Reibe für den Ingwer und die Zitronen- und Orangenschalen. Eine Reibe mit Restehalter hilft, auch kleinste Teile ohne Verletzung zu bearbeiten.

Grätenpinzette

Mit der speziellen Grätenpinzette entfernen Sie die feinen Gräten in den Fischfilets.

Hölzerne Sushi Form - Oshibako

Die Form brauchen Sie für die Herstellung
von gepresstem Oshi-Zushi.

Messer

Die schmalen Sushi-
Messer sind sehr scharf,
damit Sie den Fisch
und Maki-Zushi präzise
schneiden können. Ein
gut geschliffenes Kü-
chenmesser tut es aber
auch.

Mörser

Einen Mörser brauchen Sie zum Zerkleinern der Zutaten, z.B. für die Rosmarin-Pesto. Wenn Sie keinen Mörser haben, können Sie die Zutaten in Frischhaltefolie einrollen und mit einem Schnitzelklopfer bearbeiten.

Reisschüssel (Hangiri) und Reisspachtel (Shampji)

Ein Hangiri ist in der japanischen Küche eine runde Holzschüssel mit flachem Boden und wird für die Zubereitung von Sushi-Reis benutzt. Traditionell besteht sie aus Zypressenholz. Das weiche Holz saugt den Dampf des gegarten Reises auf, der so schneller abkühlt. Wenn Sie keine Hangiri haben, nehmen Sie eine andere großflächige Schüssel. Geben Sie immer nur kleine Mengen Reis in die Schüssel. Mit dem großflächigen Reisspachtel wird die Marinade unter den Sushi-Reis gemischt.

DER SUSHI-REIS UND SEINE ZUBEREITUNG

Im Mittelpunkt der Sushi-Zubereitung steht der Umgang mit dem Sushi-Reis. Ist Ihnen bei einem Besuch in einem japanischen Restaurant schon einmal aufgefallen, dass Sushi-Reis laufend frisch gekocht wird? Das passiert natürlich nicht, weil der Koch die Menge falsch kalkuliert hat, sondern weil es wichtig ist, dass der Sushi-Reis immer sofort bei Zimmertemperatur verarbeitet werden muss. Ein bereits vorgekochter, kühl gelagerter Reis, geht gar nicht – seine Körner sind hart und halten nicht zusammen. Nur die frisch gekochten Reiskörner sind weich und klebrig.

DER CHARAKTER VON SUSHI-REIS

Der perfekte Sushi-Reis gelingt einzig und allein mit Rundkornreis, der explizit als Sushi-Reis ausgewiesen und von Natur aus klebrig ist. Nur aufgrund dieser Eigenschaft hält Sushi zusammen, sonst würde es zerfallen. Für die perfekte Konsistenz spielt die Zubereitungsmethode eine große Rolle. Sushi sollte immer nur so fest geformt oder gerollt sein, dass es zusammenhält und „unversehrt" in den Mund gebracht werden kann. Sobald Sie es beim Verzehr mit der Zunge gegen den Gaumen drücken, muss Sushi zerfallen.

Verwenden Sie möglichst immer die gleiche Sorte Sushi-Reis. Denn jeder Reis ist anders – der eine klebt mehr, der andere weniger, einige Sorten brauchen zusätzlich einen Schuss Wasser, andere eben weniger Flüssigkeit, um perfekt zu werden. Auch beim Sushi-Reis-Kochen gilt: Die Erfahrung kommt mit der Zeit!

DIE ZUBEREITUNG VON SUSHI-REIS

Die Zubereitungsmethode ist mindestens genauso wichtig wie eine gute Reis-Qualität. Bevor Sushi-Reis gekocht wird, muss er gewaschen werden. Denn Sushi-Reis enthält extrem viel Stärke, die sich beim Kochen als dickflüssige klebrige Masse bemerkbar machen würde. Gewünscht ist jedoch lediglich eine feine Schicht aus Stärke-Kleister als Verbindung zu den anderen Reiskörnern. Um die überflüssige Stärke, die an der Außenhülle klebt, loszuwerden, wird der Reis mindestens drei Mal mit kaltem Wasser gewaschen. (Siehe Seite 32) Dann wird er ohne Salz im Verhältnis 1:1 nach Volumen mit Wasser angesetzt. Traditionelle japanische Restaurants geben ein kleines Stück Kombu-Alge mit hinein.

Reis waschen

Reis quellen lassen

gequollener (l.) und gewaschener Reis

IM REISKOCHER

Wenn Sie den Reis in einem Reiskocher zubereiten, füllen Sie die Reiskörner und das Wasser ebenfalls im Verhältnis 1:1 ein. Der Reiskocher schaltet automatisch auf die Funktion „wärmen" oder „warm halten" um, sobald der Reis gar ist.

TIPP: Der Reiskocher sollte unbedingt mit einer Antihaftbeschichtung ausgestattet sein! Wunderbar zubereiten lassen sich mit einem Reiskocher auch alle anderen Reissorten bis hin zu Getreide wie Hirse, Buchweizen, Amaranth, Quinoa oder Grünkern.

AUF DEM HERD

Bevor Sie den Reis in einem Topf auf dem Herd kochen, sollten Sie ihn zunächst 20 Min. in reichlich Wasser quellen lassen. Sobald er seine transparente weiße Farbe verliert hat und opak-weiß erscheint, ist er bereit für den Garvorgang. Schütten Sie das Einweichwasser weg und setzen Sie den Reis anschließend mit frischem Wasser wiederum im Verhältnis 1:1 im Kochtopf auf und lassen Sie ihn etwa sieben Min. auf kleiner Flamme mit Deckel köcheln. Danach nehmen Sie ihn zugedeckt vom Herd und schenken ihm weitere 15 Min. Ruhezeit. Der Deckel bleibt solange zu, bis der Reis die Flüssigkeit im Topf aufgesaugt hat.

Egal für welche Kochmethode Sie sich entscheiden, sobald der Reis fertig ist, können Sie den Deckel abheben, um etwas Sake oder Mirin für ein besonderes Aroma hinzuzufügen. Anschließend lassen Sie ihn nochmals fünf Min. im geschlossenen Topf ziehen.

WÜRZEN UND ABKÜHLEN

Nach dem Kochen folgt ein weiterer, sehr wichtiger Arbeitsvorgang. Das Würzen und Abkühlen. Füllen Sie den Reis dafür in eine großflächige Schüssel, idealerweise in die typische Hangiri-Holzschüssel. Sie hat den Vorteil, dass sie überschüssiges Wasser aufsaugt, der Reis nicht matschig wird und schneller auskühlt.

Das Abkühlen und das Würzen des heißen Sushi-Reises erfolgt in einem Arbeitsschritt. Heben Sie zunächst die zuvor herge-stellte Würzmarinade - für 1 kg rohen Sushi-Reis etwa 100 ml - vorsichtig unter den Reis und benutzen Sie zum Unterrühren und Verteilen den klassischen Reisspachtel oder einen flachen, großen Löffel. Gießen Sie dabei die gewünschte Menge der Würzmarinade möglichst über den Spachtel oder Löffel und verteilen Sie die Flüssigkeit flächig auf dem Sushi-Reis.

Mit dem Spachtel oder Löffel wird die Marinade immer in seitlicher oder aufwärtslaufender Bewegung untergemischt. Achten Sie darauf, dass Sie nicht von oben auf die Reiskörner drücken. Dieser Prozess des Durchmischens geschieht solange, bis am Boden der Reisschüssel ein klebriger Film entstanden und der Reis vom heißen auf einen warmen Zustand abgekühlt ist. Da-nach lassen Sie den Reis wieder ruhen, bis er zur Weiterverarbeitung die Zimmertemperatur erreicht hat. Um das Austrocknen der Reisoberfläche zu vermeiden, wird die Schüssel mit einer Folie oder einem feuchtem Tuch abgedeckt.

Wenn Sie den Reis nicht innerhalb von maximal zwei Stunden weiter verarbeiten, füllen Sie ihn in einen geschlossenen Behäl-ter um und bewahren Sie ihn bei Zimmertemperatur auf. Nicht in den Kühlschrank stellen!

Das Färben von Sushi-Reis

Der weiße Sushi-Reis kann auch eingefärbt werden, was optisch besonders reizvolle Variationen auf den Teller bringt. Als Grundstoff eignen sich Gemüsepürees, die zuvor mit der Sushi-Würzmarinade gemischt worden sind. Dabei ist wichtig, dass die Gemüsepürees eine eher trockene Konsistenz haben, damit nicht zusätzlich größere Mengen Flüssigkeit in den Reis gelangen. Auf Säfte sollten Sie beim Färben verzichten, weil die Farbintensität schwächer ist, als die von frischem Gemüsepüree.

TIPP: Kochen Sie das Gemüse für das Gemüsepüree nicht in Wasser, sondern dämpfen Sie es lieber. Alternativ können Sie es auch mit etwas Öl bestreichen, in Pergamentpapier einwickeln und dann im Backofen bei 180°C garen, bis es weich ist. Dann wird das Gemüse fein püriert. Diese Garmethode hat den Vorteil, dass der Wassergehalt viel geringer, das Gemüse geschmacksintensiver und gesünder ist.

Färben können Sie den Reis auch mit frisch gehackten Kräutern. Sie sorgen für ein duftendes, erfrischendes Aroma.

Als weitere Alternative eignen sich natürlich auch farbige Reissorten, die mit dem Sushi-Reis gemischt werden, z.B. ein violetter Reis oder schwarzer Klebereis. Maßangabe: 20 % der Gesamtreismenge. Lassen Sie den farbigen Reis etwa sechs Stunden im Wasser quellen und kochen Sie ihn danach zusammen mit dem Sushi-Reis.

BIO-KÖRNDL-REIS

Diese besondere Reis-Variante bietet mit den Körnern und Samen wie Grünkern, Buchweizen, Leinsamen oder Goldhirse zusätzlich noch eine große Portion gesundheitlicher Aspekte. Auf 200 g Sushi-Reis kommen bis zu 100 g Bio-Körner oder Samen. Beachten Sie dabei, dass Körner und Samen eine ungefähr gleiche Garzeit wie der Sushi-Reis hat. Alternativ besteht die Möglichkeit, die Körner zuvor im Wasser quellen zu lassen. Da Körner und Samen beim Garen mehr Wasser benötigen, erhöht sich im Grundrezept die Wassermenge:

200 g Sushi Reis
100 g Bio-Körner oder Samen
450 ml Wasser

ROSEN-DUFTREIS
ALS BESONDERES HIGHLIGHT

Dieses Rezept finden Sie bei den „Valentine's Sweethearts" (Seite 73). Nach dem Kochen des Sushi-Reises kommt weder Mirin noch Sake hinein, sondern drei EL Rosenwasser auf 500 g Reis (Rosenwasser gibt es in Apotheken und Reformhäusern). Danach muss er noch einige Minuten im verschlossenen Topf ziehen. Rosenwasser lässt sich auch ohne großen Aufwand mit unbehandelten Rosenblüten selbst herstellen. Für noch mehr Rosen-Duft sorgt Rosenessig (Rezept Seite 133) in der Würzmarinade statt des klassischen Reisessigs.

TIPP: Der Rosengeschmack wird noch intensiver mit Rosenwasser, das Sie über das fertige Sushi geben.

SUSHI-WÜRZMARINADE

Das Rezept bezieht sich auf die Menge von 1 kg rohem Sushi-Reis.

70 g Reisessig
Abrieb von frischer Bio-Zitronen- oder Orangenschale
35 g Zucker
7 g Salz

Alle Zutaten vermischen. Dann die Mischung kurz erwärmen, damit sich der Zucker gut auflöst. Vor der Verwendung sollte die Würzmarinade allerdings wieder gut abgekühlt sein. Sie können die Würzmarinade auch in größeren Mengen herstellen, heiß in Gläser oder Flaschen abfüllen und als Vorrat aufbewahren.

ALLE 5 GESCHMACKSRICHTUNGEN

Bei der Zubereitung dieser Sushi-Grundrezeptur werden nach der 5-Elemente-Philosophie alle fünf Geschmacksrichtungen berücksichtigt.

HOLZ	Der saure Geschmack mit seinen wertvollen Verdauungsenzymen = Reisessig
FEUER	Der bittere Geschmack mit seinen wichtigen Komponenten zur Fettverdauung = Zitrusschalen
ERDE	Der süße Geschmack zur Harmonisierung der Mitte durch die Stärke im Reis und die Zugabe von Zucker
METALL	Der scharfe Geschmack mit seiner Dynamik, den Stoffwechsel zu bewegen = Mirin oder Sake
WASSER	Der salzige Geschmack mit seinen wertvollen Mineralien = Salz und Wasser

FISCH FÜR SUSHI UND SEINE ZUBEREITUNG

Sushi lebt von den Zutaten. Je hochwertiger sie sind, desto besser schmecken die kleinen Häppchen. Das trifft besonders auf den Fisch zu, eine der Hauptzutaten neben dem Reis. Für die Rezepte in diesem Buch wurden vor allem heimische Fische verarbeitet, die es in großer Auswahl auf den Märkten gibt.

FISCH - FRISCH MUSS ER SEIN !

Weil Sushi-Fisch oftmals roh gegessen wird, muss er vor allem ein Kriterium erfüllen: Er muss superfrisch sein! Und das erkennen Sie am ganzen Fisch so:
- Sein Schuppenkleid muss glänzen und mit einer klaren Schleimschicht überzogen sein.
- Öffnen Sie die Kiemendeckel. Beim frischen Fisch sind die Kiemen feucht und kräftig rot gefärbt.
- Überprüfen Sie, ob die Augen einen klaren Eindruck machen und prall nach außen gewölbt sind.
- Drücken Sie mit dem Zeigefinger kräftig auf die Haut. Frisches Fleisch ist fest und nimmt sofort wieder seine ursprüngliche Form an, ohne eine Delle zu hinterlassen.
- Frischer Fisch riecht niemals nach Fisch, sondern angenehm nach Meer.

Wenn Sie Fischfilets kaufen, beachten Sie folgende Frische-Merkmale:
- Das Fleisch muss glasig aussehen.
- Bei Druck mit dem Finger muss es fest und kompakt bleiben.
- Es darf keinesfalls „fischig" riechen.

TIPP: Kaufen Sie den Fisch direkt von einem Fischer oder Fischteich in Ihrer Nähe, dann können Sie sicher sein, dass er frisch ist.

FISCH - ROH VERZEHREN

Wer grundsätzlich Bedenken hat, rohen Fisch zu verzehren, sollte den Fisch vor der Zubereitung wenige Tage bei – 20°C Grad einfrieren oder einfach Fisch verwenden, der auf 60°C Grad kurz erhitzt wurde.

FISCH FÜR SUSHI

Egal ob Sie den Fisch für Nigiri, in dünnen Scheiben zum Belegen oder als Fülle für Maki und Tatar benötigen – es gibt verschiedene Möglichkeiten, das Fischfilet zu schneiden. So wie sich der Fisch in seiner Form und Größe unterscheidet, müssen auch die Schneidearten angepasst werden. Ein Thunfisch oder ein Lachs wird anders behandelt, als kleine Rundfische, die in den Rezepten vorkommen. Grundsätzlich gilt jedoch: Verwenden Sie die schönsten Stücke für Carpaccio oder Nigiri und die restlichen Teile zum Füllen der Maki oder für Tatar.

Vorbereitung zum Schneiden anhand eines Lachsforellenfilets

Zunächst entfernen Sie die Seitengräten und die Haut am Bauchlappen. Dann trennen Sie die Haut vom
Fischfilet.

Schneiden für Nigiri

Da die Fischfilets relativ klein sind, setzen Sie das Messer schräg an, um schöne Stücke für Nigiri zu erhalten.
Schneiden Sie gegen die Maserung von vorne nach hinten, damit die Textur des Fisches herausgehoben wird. Die
Stücke sollten ca. 3 mm dick und 7 bis 8 cm lang sein. Sie benötigen pro Nigiri ein Stück.

Schneiden für Carpaccio zum Belegen der Maki

Dafür muss das Messer noch schräger angesetzt werden, als beim Schneiden für Nigiri, weil Sie großflächigere Scheiben benötigen. Sie können auch gerne etwas dünner geschnitten sein, als für Nigiri.

Schneiden zum Füllen der Maki

Wenn Sie nicht die übrig gebliebenen Endstücke verwenden, schneiden Sie die Streifen in eine Größe von 1 x 1 cm. Die Länge der Streifen sollte nach Möglichkeit der Länge des Nori-Blattes (Algenstück) entsprechen.

Schneiden für Tatar

Da das Fleisch sehr delikat ist, werden Fische für Tatar niemals gehackt, sondern in kleine Würfel geschnitten. Der Fisch wird immer zuletzt und kurz vor dem Servieren in die fertig abgeschmeckte Marinade vorsichtig untergehoben. So behält der Fisch seine schöne Farbe und glasige Frische.

FISCH-ZUBEREITUNG FÜR DIE REZEPTE

Gebeizter Fisch

Mit wenig Aufwand lassen sich frische Fischfilets schnell beizen. Kleine Filets wie Saibling oder Bachforelle bleiben nur wenige Stunden in der Beize. Lachsforellen mit ca. 300 bis 400 g Gewicht pro Filet können auch einen ganzen Tag in der Beize liegen. Fische in der Beize unbedingt im Kühlschrank aufbewahren!

Rezeptvorschläge zum Beizen von Fischen finden Sie auf Seite 130.

Geräucherter Fisch

Geräucherte Fische eignen sich für die verschiedensten Arten von Sushi. Verwenden Sie warm geräucherten Fisch für Nigiri, den Sie allerdings mit etwas Nori am Reis festmachen sollten. Denn warm geräucherter Fisch klebt nicht am Reis, würde sich also vom Reis lösen.

Angebratener Fisch

Reiben Sie die Fleischseite mit Pfeffer, Gewürzmischungen oder verschiedenen Kräutern gut ein und braten Sie nur die gewürzte Seite 5 bis 10 Sek. scharf an. Dann sofort kalt stellen. Diese Methode, dem Fisch ein würziges Aroma zu verleihen, ist besonders geeignet, wenn Sie das Filet für Nigiri oder Chirashi-Zushi schneiden möchten.

Marinierter Fisch

Legen Sie die Fischfilets in eine Marinade aus Zitronen- oder Limettensaft sowie Kräutern und anderen passenden Zutaten ein.

FLUSSKREBSE

Der frische Flusskrebs ist eine Delikatesse. Im Sommer, wenn die Flüsse warm genug sind, beginnt die Wildfang-Saison. Exzellent eignen sie sich für Sushi. Frische Flusskrebse vorzubereiten, ist zwar etwas aufwändig, weil sie so klein sind. Aber dafür werden Sie mit ihrem Aroma belohnt.

So garen Sie frische Flusskrebse: Sie bereiten einen Fond aus Wasser, frischen Karotten, Lauch, Sellerie, Zwiebeln und Knoblauchzehen und würzen ihn mit Lorbeerblättern, Thymian, Zitronensaft, etwas Kümmel und Salz. Die noch lebenden Flusskrebse kommen in den kochenden Fond. Dann nehmen Sie den Topf von der Herdplatte und lassen die Krebse kurz ziehen – idealerweise bei einer Temperatur von 65°C, damit sie nicht zerfallen. Insgesamt beträgt die Garzeit für mittelgroße Flusskrebse etwa 5 Min. Anschließend die Krebse sofort im Eiswasser abschrecken. So garen sie nicht nach und das Schwanzfleisch wird nicht trocken. Dann die Schwänze und Scheren auslösen und den Darm entfernen.

TIPP: Aus den Panzerstücken (Karkassen) der Krebse können Sie einen wunderbaren Fond für Suppen und Saucen herstellen. Alternativ zu frischen Flusskrebsen gibt es auch gegartes und geschältes Krebsfleisch fertig zu kaufen.

GEMÜSE FÜR SUSHI UND SEINE ZUBEREITUNG

Egal wie Sie das Gemüse für Sushi zubereiten - ob roh, gedämpft, gebraten, gegrillt, eingelegt, mariniert, fermentiert - ausschlaggebend ist die Frische. Und knackig muss es sein! Verwenden Sie deshalb am besten immer saisonal frisch geerntete Gemüsesorten. Achtung: Zu den Don´ts für Sushi gehört Tiefkühlgemüse! Wichtig ist auch, dass die Geschmackskomponenten harmonieren, die Gemüsesorten eine feste Konsistenz haben und nicht zu viel Wasser enthalten.

Zum guten Gelingen von Sushi gehört vor allem die richtige Größe des geschnittenen Gemüses. Wenn Sie z.B. aus einer Salatgurke Stäbchen für Maki schneiden, sollte die Länge mit dem Nori-Blatt übereinstimmen. Am besten Sie verwenden dabei nur den Mittelteil der Gurke, die beiden Endstücke gestalten Sie in wenigen Arbeitsschritten zu einer attraktiven Deko. Vorher jedoch die Kerne herausschneiden, sie enthalten zu viel Wasser.

Karotten und andere härtere Gemüsearten schneiden Sie lieber in dünnere Streifen. Gemüsesorten, die krumm gewachsen sind, können nicht so gut gerollt und sollten daher in kürzere Stücke geschnitten werden.

Für Nigiri bietet sich auch zartes Babygemüse an. Andere Sorten, in Scheiben oder Streifen geschnitten, passen jedoch auch gut. Da frisches Gemüse aber nicht von selbst am Sushi-Reis klebt, sollte es stets in der Mitte eingewickelt werden. Nehmen Sie einen dünnen Streifen Nori und verkleben die Enden mit einem Reiskorn. Aber auch Frühlingszwiebeln oder Schnittlauch, schön zusammengebunden, können Sie, nachdem Sie es kurz mit heißem Wasser überbrüht haben, einarbeiten.

Auf den Fotos im Rezeptteil erkennen Sie gut, wie die Zutaten für Sushi geschnitten werden.

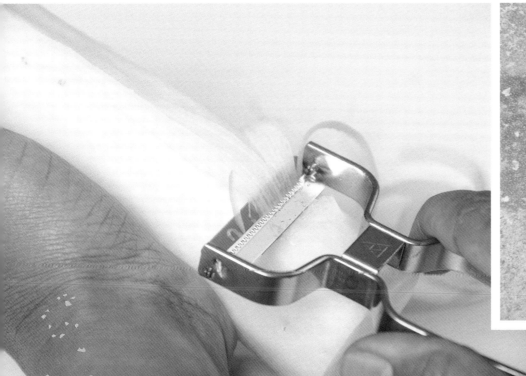

SCHRITT FÜR SCHRITT ZUM SUSHI

Klassisches Sushi zu machen, ist gar nicht so kompliziert, wenn Sie frische Zutaten verwenden, ein paar Handgriffe beherrschen und die richtigen Küchenhelfer besitzen.

Der wichtigste Schritt bei der Sushi-Herstellung ist das Kochen des Sushi-Reises. Achten Sie darauf, dass Sie ihn nicht zu fest pressen, denn dann schmeckt er „pappig". Sushi sollte gerade mal die Festigkeit haben, um den Weg vom Teller zum Mund zu überstehen und hier mit leichtem Druck der Zunge gegen den Gaumen zerfallen. Maki und Nigiri dürfen nur so groß sein, dass sie mit einem Bissen verzehrt werden können.

MAKI-ZUSHI

Maki sind gerollte Sushi und gehören zu den Hauptformen. Für Maki-Sushi wird der Sushi-Reis in bzw. um ein dünnes Algenblatt (Nori) gerollt. Das Nori-Blatt hat eine glatte und eine raue Seite, mit Reis belegt wird jedoch immer nur die raue Seite. Nori ist nicht nur sehr gesund, sondern sehr einfach zu rollen. Aber auch andere Zutaten, wie Salatblätter, dünne Eierpfannkuchen, Gurkenscheiben oder Tofu-Blätter eignen sich hervorragend zum Rollen von Maki.

Es gibt verschiedene Sorten von Maki-Sushi, hier die bekanntesten:

Hoso-Maki sind dünne Maki mit einem halben Nori-Blatt und nur einer Zutat als Füllung (Wasabi wird dabei nicht zur Füll-Zutat gerechnet). Hoso-Maki wird meist in nur sechs oder acht Stücke geschnitten.

Ura-Maki oder auch Inside-Out-Maki genannt hat den Reis außen herum.

Futo-Maki sind dickere Rollen aus einem ganzen Nori-Blatt und mit verschiedenen Zutaten gefüllt. Aus einer Rolle bekommen Sie acht bis zehn Stücke.

Gunkan-Maki wird aufgrund seiner ovalen Form auch „Battleship"- Maki genannt. Dabei handelt es sich um mit einem Nori-Blatt umwickelte und von oben gefüllte Reisbällchen.

Hitsuji-Maki sind zwei Mal oder mehrmals gerollte Maki. So entstehen dekorative Reismuster in der Rolle.

Temaki sind wie eine Papiertüte gefaltete Nori-Blätter, die mit verschiedenen Zutaten gefüllt werden.

Zum Rollen der Maki, mit Ausnahme der Gunkan-Maki und Temaki, brauchen Sie eine Bambusmatte (Makisu). Maki wird immer mit einem angefeuchteten Messer geschnitten.

TIPP: Die aus einer Maki-Rolle geschnittene Stückzahl an Häppchen sollte gerade sein – also 8 oder 10.

SO BEREITEN SIE MAKI-SUSHI ZU

Neben der Makisu (Bambusmatte) und allen Zutaten stellen Sie auch eine Schüssel mit lauwarmem Wasser zum Befeuchten der Hände sowie ein sauberes, feuchtes Tuch bereit. An trockenen Händen bleibt der Sushi-Reis nämlich kleben. Also, immer schön feucht, aber nicht nass ist oberstes Gebot beim Arbeiten mit Sushi-Reis! Ungeübte können den Reis auch mit dem Kunststoffspachtel vom Reiskocher-Set verteilen - ohne ihn jedoch nach unten zu drücken.

Hoso-Maki – „Dünne Rolle"

Bei der Zubereitung von Hoso-Maki gilt: nicht zu fest rollen! Denn die dünne Hoso-Maki-Rolle hat nur eine Füll-Zutat und braucht daher beim Einrollen wenig Druck. So behält sie auch ihre lockere Konsistenz.

Hier die Schritt für Schritt-Anleitung für Hoso-Maki als Karotten-Rolle:

1. Schneiden Sie zuerst das rechteckige Nori-Blatt mit der Schere an der schmalen Seite in zwei Hälften. Statt eines Nori-Blattes können Sie für Hoso-Maki auch andere geeignete Zutaten verwenden, wie z.B. Mangoldblätter.

2. Legen Sie ein halbes Nori-Blatt mit der glatten, glänzenden Seite nach unten auf die ausgebreitete Bambusmatte (Makisu), denn auf der rauen Seite klebt der Reis besser.

3. Befeuchten Sie Ihre Hände und geben etwa 70 g Sushi-Reis auf die raue Seite des Nori-Blattes. Verteilen Sie mit den Fingern den Reis auf dem Nori-Blatt bis zu den Seitenrändern und den unteren Rand, damit die Randstücke auch gut gefüllt sind. Nur an der Oberseite lassen Sie etwa 1 cm frei. Hier sollte das Nori-Blatt nach dem Rollen etwas übereinander lappen. Zum Verkleben der Ränder nehmen Sie ein paar extra Reiskörner.

4. Dann geben Sie in die Mitte der Reisschicht etwas Wasabi ...

5. ... und darauf die Füllung.

6. Rollen Sie das Maki mit beiden Händen ein, indem Sie die Bambusmatte mit Daumen und Zeigefinger anheben und mit den anderen drei Fingern jeder Hand die Füllung festhalten, damit sie nicht wegrutscht.

7. Falten Sie die Makisu soweit, bis die Endseite den Reis berührt. Dann ziehen Sie die Makisu etwas hoch und rollen weiter, bis das ganze Nori-Blatt eingerollt ist (kleine Hoso-Maki mit ʻwenig Druckʼ).

8. Die traditionelle Maki-Form ist leicht eckig. Dafür drücken Sie Hoso-Maki mit Daumen und Mittelfinger rechts und links und mit den beiden Zeigefingern von oben in die richtige Form. Steht an den Enden etwas Reis heraus, nehmen Sie das feuchte Tuch und drücken den Reis leicht zurück. Fertig ist das Maki!

Zum Schneiden benetzen Sie das Messer mit Wasser, da an der trockenen Messerklinge der Reis haften bleibt und schneiden Maki in sechs bis acht Stücke.

Futo-Maki - „Dicke Rolle"

Für Futo-Maki brauchen Sie ein Nori-Blatt, das Sie aber nicht bis ganz nach oben mit Reis belegen, da die Rolle sonst zu dick wird. Beim Rollen können Sie etwas mehr Druck geben, damit die Füll-Zutaten im Reis fest zusammenhalten.

Hier die Schritt für Schritt-Anleitung für Futo-Maki als Krautsalat-Speck-Rolle im Tempura-Teig:

1. Legen Sie ein ganzes Nori-Blatt mit der glatten Seite nach unten auf die ausgebreitete Bambus-matte (Makisu). Befeuchten Sie Ihre Hände und verteilen etwa 150 g Sushi-Reis auf der rauen Sei-te des Nori-Blattes bis zu den Seitenrändern und den unteren Rand. Nur an der Oberseite lassen Sie 4 bis 5 cm frei. Wenn Sie das Nori-Blatt bis ganz oben füllen, wird die Rolle sehr groß. Verkle-ben Sie die Ränder mit ein paar extra Reiskörnern.

2. Tragen Sie dann im unteren Drittel des Nori-Blattes Wasabi auf und legen darüber die ausgewählten Zutaten.

3. Rollen Sie das Maki mit beiden Händen, indem Sie die Bambusmatte mit Daumen und Zeigefin-ger anheben und mit den anderen drei Fingern beider Hände die Füllung festhalten, damit sie nicht wegrutscht.

4. Falten Sie die Makisu soweit, bis die Endsei-te den Reis berührt. Dann ziehen Sie die Makisu etwas hoch und rollen weiter, bis das ganze Nori-Blatt eingerollt ist - mit etwas mehr Druck als bei dünner Hoso-Maki.

5. Formen Sie auch Futo-Maki leicht eckig und achten Sie darauf, dass die Enden gut mit Reis gefüllt sind. Fertig ist Futo-Maki!

Zum Schneiden benetzen Sie das Messer ebenfalls mit Wasser, da auch an der trockenen Messerklinge der Reis haften bleibt und teilen Sie Futo-Maki in acht bis zehn Stücke.

Kombinationen von Maki und Tempura

Maki können Sie auch im Tempura-Teig frittieren, entweder die ganze Rolle oder die einzelnen Stücke. Ebenso eignen sich die verschiedenen Füllungen zum Frittieren. In jedem Fall sollte Tempura-Maki sofort gegessen werden, wenn der frittierte Mantel noch knusprig und warm ist.

TIPP: Wenden Sie das Maki vorher in der Tempura-Mehlmischung, so bleibt der Teig besser haften.

Ura-Maki - „Inside-Out-Maki-Rollen"

Maki kann auch mit dem Reis außen als sogenannte Inside-Out-Rolle zube-reitet werden. Diese Rollen haben ihren Ursprung in Kalifornien, als japa-nische Sushi-Meister dorthin ausgewandert sind und das mit Reis belegte Nori-Blatt vor Zugabe der anderen Zutaten erstmalig auch wendeten.

Da der Sushi-Reis außen eine klebrige Oberfläche bekommt, können Insi-de-Out-Maki noch gut in andere Zutaten gerollt oder belegt werden. So entstehen für das Auge wunderschöne Rollen. Zum Rollen muss die Bam-busmatte unbedingt mit Frischhaltefolie überzogen werden, da der Reis sonst zwischen den Bambusstäbchen klebt.

Dünne Ura-Maki Rolle

Hier die Schritt für Schritt-Anleitung für die dünne Ura-Maki-Rolle als Aprikosen-Rolle:

1. Legen Sie ein halbes Nori-Blatt mit der glatten, glän-zenden Seite auf die mit Folie überzogene Bambusmatte (Makisu). Befeuchten Sie Ihre Hände und verteilen etwa 80 g Sushi-Reis auf dem Nori-Blatt bis zu den Seitenrän-dern.

2. Der Reis muss auf allen Seiten bis zu den Rändern verteilt sein.

3. Wenden Sie das Nori-Blatt, sodass der Reis auf der folierten Makisu liegt.

4. Tragen Sie in der Mitte des Nori-Blattes Wasabi auf ...

5. ... und legen darüber die ausgewählten Zutaten.

6. Rollen Sie das Maki mit beiden Händen ein, indem Sie die Bambusmatte mit Daumen und Zeigefinger anheben und mit den anderen drei Fingern beider Hände die Füllung festhalten, damit sie nicht wegrutscht.

7. Falten Sie die Makisu so weit, bis die Endseite den Reis berührt. Dann ziehen Sie die Makiso etwas hoch ...

8. ... und rollen weiter, bis das ganze Nori-Blatt eingerollt ist. Formen Sie das Maki leicht eckig und achten Sie darauf, dass die Enden gut mit Reis gefüllt sind. Fertig ist das kleine Ura-Maki!

Zum Schneiden befeuchten Sie das Messer und Ihre Hände mit Wasser, da Sie den Reis beim Schneiden berühren. Teilen Sie die kleine Ura-Maki-Rolle in sechs bis acht Stücke. On top streuen Sie auf diese fertige Inside-Out-Rolle knusprige Flocken vom San Daniele-Schinken.

Dicke Ura-Maki-Rolle

Hier die Schritt für Schritt-Anleitung für die dicke
Ura-Maki-Rolle, gefüllt mit Flusskrebsen und belegt
mit Lachsforellen-Carpaccio:

1. Für die ideale Größe der Rolle schneiden Sie
das Nori-Blatt auf 20 x 14 cm zurecht.

2. Bereiten Sie die dicke Rolle genauso zu wie die
dünne Ura-Maki-Rolle. Nur erhöhen Sie den Druck
beim Rollen etwas, damit die Zutaten gut zusammenhalten. (Foto 2., 2a. und 2b.)

3. Geben Sie auf die Rolle dünne Lachsforel-
len-Scheiben.

4. Mit einem Stück Frischhaltefolie, das Sie über die
Maki-Rolle legen, ...

5. ... können Sie den Fisch fest andrücken, damit er
gut am Reis klebt.

Schneiden Sie die belegten Rollen am besten mit
der Folie, die Sie danach vorsichtig abziehen. So
können Sie die Maki-Stücke nochmals nachformen.

Hitsuji-Maki

Die doppelt oder mehrmals gerollte Maki-Rolle ist etwas aufwändiger in der Herstellung, dafür aber optisch sehr attraktiv. Sie enthält meistens eine größere Menge Reis, den Sie mit verschiedenen Färbungen zu schönen Varianten gestalten können.

Gunkan-Maki

Trotz der ganz anderen Form zählt Gunkan-Zushi zu den Maki-Rollen. Dabei wird das für Sushi typische Nori-Blatt in eine ovale Form gebogen und so mit Reis gefüllt, dass aufgelegte Füllungen wie z.B. Kaviar oder feine Tatars Stabilität erhalten.

1. Nehmen Sie etwa 20 g Reis in die angefeuchtete Hand und formen ihn zu einem ovalen Bällchen.

2. Drücken Sie das Reisbällchen etwas zusammen und wickeln mit der anderen Hand einen 3,5 x 18 cm lange Streifen Nori um das flach gedrückte Reisbällchen. Das Ende verkleben Sie mit einem Reiskorn.

3. Füllen und dekorieren Sie Gunkan-Maki.

Temaki – Die Sushi-Tüte

Die Sushi-Tüte kann hinsichtlich Größe und Füllung beliebig variiert werden. Temaki essen Sie immer mit der Hand und beißen Stück für Stück ab.

1. Schneiden Sie das Nori-Blatt auf die ideale Größe von etwa 10 x 26 cm Länge (halbes Nori-Blatt).

2. Geben Sie den fertigen Sushi-Reis auf die linke Hälfte des Nori-Blattes und lassen dabei die linke obere Ecke frei.

3. Belegen Sie den Reis mit den anderen Zutaten.

4. Rollen Sie das Nori-Blatt zu einer Tüte zusammen und verkleben das Ende mit einigen Reiskörnern. Fertig ist Temaki!

NIGIRI

Nigiri ist eine klassische Sushi-Variation, bei der Sie Sushi-Reis in die Hand nehmen und kleine, ovale Reisbällchen formen. Auf die ovalen Bällchen kommt dann der Belag. Dafür eignen sich die verschiedensten Zutaten, die von der Größe gut passen und schön fest auf dem Reis sitzen. „Klebrige" Zutaten, wie frischer oder gebeizter Fisch, können Sie auf dem Reis leicht andrücken, sodass sie schön fest sitzen. Sind es warm geräucherte Fische, Gemüse, Eieromeletts oder Ähnliches, sollten Sie diese Zutaten mit einem ca. 1 cm breiten Nori-Streifen am Reis „festbinden".

Formen Sie Nigiri nicht zu groß, 20 g Reis pro Stück sind ideal. So können Sie Nigiri auch gut in einem Stück essen – wie es richtig ist!

Hier die Schritt für Schritt-Anleitung für Nigiri
mit rohem, gebeiztem Fisch oder anderen „selbst
klebenden" Zutaten:

1. Stellen Sie eine Schale mit lauwarmem Wasser
und die Zutaten bereit.

2. Formen Sie mit einer Hand etwa 20 g
Sushi-Reis zu einem ovalen Bällchen und nehmen
ein von der Lachsforelle geschnittenes Stück in
die andere Hand.

3. Streichen Sie mit dem Zeigefinger der
„Reishand" etwas Wasabi auf die Lachsforelle.

4. Legen Sie das Reisbällchen auf den Fisch.

5. Drücken Sie es von oben mit Zeige- und Mittelfinger leicht an.

6. Drücken Sie Reis und Fisch mit Daumen und Zeigefinger von den Längs- und Querseiten.

7. Drehen Sie das Sushi um, sodass der Fisch oben liegt.

8. Wiederholen Sie die Schritte 5 und 6.

CHIRASHI

Für Chirashi füllen Sie den fertigen Sushi-Reis locker in eine Schale und belegen ihn mit den verschiedensten Zutaten. Dafür können Sie Fische, Krustentiere, Gemüse, Pilze, Tofu, Eieromelett u.v.m. verwenden. Mit anderen saisonalen Produkten erhalten Sie in Kombination mit dem Reis wunderbare Geschmacksvarianten.

Oshi-Zushi

Oshi ist gepresstes Sushi und die wohl älteste Form der Sushi-Herstellung. Der Reis wird traditionell in eine Holzform, die Oshibako, gefüllt, leicht angepresst, belegt und geschnitten. Auch bei Oshi-Zushi sollte der Reis nicht zu fest gepresst werden, nur so viel, dass er gut zusammenhält. Sie können den Reis auch in andere Formen geben und dann pressen, um neue, interessante Variationen zu erhalten.

Hier die Schritt für Schritt-Anleitung für gefüllte und belegte Oshi-Zushi mit Flusskrebsen und Räucherforellen:

Für Oshi mit Reis außen befeuchten Sie die hölzerne Oshibako (Oshi-Zushi-Form) oder legen eine Metallform mit Folie aus. Für Oshi mit Nori außen legen Sie Nori in die trockene Oshi-Form.

1. Füllen Sie den Sushi-Reis mit feuchten Händen ein und drücken Sie ihn etwas an.

2. Wenn Sie mögen, würzen Sie Oshi mit Wasabi und belegen/füllen es mit den Zutaten.

3. Seitenteil der Oshibako abheben und das Oshi schneiden (Foto 3a.).

Frühling

Geschmack: sauer

Charakter: Holz steht für Spielfreude, Kreativität und Freiheitsdrang. Es repräsentiert sowohl den Frühling als auch die ungestüme Kindheit des Menschen. Holz will wachsen – am liebsten ohne Einschränkung – stößt es an Grenzen, kann es schon einmal heftig reagieren. Natürliche Grüntöne und eine hohe, schmale Form gehören zum Holz.

Rote Beete

und frische Sprossen

Tipp: Schnittlauch-Soja-Sauce dazu reichen!

ZUTATEN FÜR
1 INSIDE-OUT-MAKI-ROLLE (8-10 STÜCKE)

1 Nori-Blatt (20 x 14 cm)

150 g fertiger Sushi-Reis

Wasabi-Paste (nach Geschmack)

5 Gurkenstäbchen
(in der Länge des Nori-Blattes geschnitten)

2-3 Frühsalatblätter

etwas frische Kresse

einige frische Sprossen

2 EL Rote Beete-Püree (Rezept Seite 134)

ZUBEREITUNG

1. Mit der Hälfte des Rote Beete-Pürees den noch warmen Sushi-Reis in ein intensives Rosa färben.

2. Eine Inside-Out-Maki-Rolle mit Frühsalatblättern, Gurkenstäbchen, Sprossen und Kresse füllen.

3. Rolle in Frischhaltefolie einwickeln, in 8 bis 10 Stücke schneiden und jedes mit einem Tupfer Rote Beete-Püree, ein paar Sprossen oder Kresse dekorieren.

Wenn Sie vom Winter noch Rote Beete eingelagert haben, verbinden Sie ihren erdig-süßen Geschmack mit am Fenster gezüchteten frischen, aromatischen Sprossen.

Für dieses Maki können Sie die verschiedensten Arten von geräucherten Fischen verwenden. Geräucherte Äsche oder Forelle macht sich auch ganz gut. Haben Sie etwas Staudensellerie zur Hand, passt auch er geschmacklich hervorragend.

RADIESCHEN
und Räucherfelchen (Reinanke)

ZUTATEN FÜR
1 MAKI-ROLLE (8 STÜCKE)

1 Nori-Blatt

140 g fertiger Sushi-Reis

20 g Räucherfelchen-Filet (klein geschnitten)

1 TL Zitronensaft

1 EL Olivenöl

20 g Radieschen (in feine Streifen geschnitten)

1 EL Schnittlauch (fein geschnitten)

1 TL Kresse

20 g Gurken (fein gewürfelt)

1 TL Meerrettich (fein gerieben)

ZUBEREITUNG

1. Alle Zutaten außer Nori und Sushi-Reis behutsam vermischen.

2. Reis auf dem Nori-Blatt verteilen und mit Wasabi würzen.

3. Eine Maki-Rolle formen und mit dem Zutaten-Mix füllen.

Tipp: **Für Maki können Sie die verschiedensten Räucherfische verwenden. Auch Äsche oder Forelle passen gut. Etwas Staudensellerie verfeinert den Geschmack.**

Tipp: Färben Sie den Reis leicht rosa entweder mit unbehandelten roten Rosenblättern, die Sie kurz mit der Reismarinade aufmixen, oder Sie heben etwas Rote Beete-Püree unter. Rotes Rosenwasser können Sie auch ganz einfach selbst herstellen, allerdings bekommen Sie im Frühjahr kaum ungespritzte Rosen. Wenn Sie Rosen im Garten haben, probieren Sie es doch mal im Sommer!

Rosenblüten-Sushi-Reis belegt mit zart gebeizter Lachsforelle und Orangen, dazu eine aphrodisierende Marinade für die Sprossen.

VALENTINE'S SWEETHEARTS
aphrodisierend

ZUTATEN FÜR
2 VALENTINS-HERZEN

100 g Rosenduftreis (Rezept Seite 36)
Wasabi (nach Geschmack)
4 Scheibchen gebeizte Lachsforelle (ca. 60 g)
4 Orangenfilets
2 EL Sprossen-Mix
2 unbehandelte Rosenblätter

Honig-Cayenne-Orangen-Marinade für die Sprossen
1 EL Olivenöl
1 TL Limettensaft oder Rosenessig
1 TL Mirin
1 TL Honig
etwas Orangenschalen-Abrieb
etwas Ingwer (fein gerieben)
etwas Cayennepfeffer
1/2 TL feine Ingwer-Streifen als Dekoration

ZUBEREITUNG

1. Den in feine Streifen geschnittenen Ingwer kurz in Öl braten, bis er Farbe annimmt. Auf Küchenpapier gut abtropfen lassen.
2. Alle Zutaten der Marinade verrühren und abschmecken.
3. Je 50 g Rosenduftreis in die Herzformen füllen und leicht pressen.
4. Herzformen entfernen und etwas Wasabi auf den Reis geben.
5. Mit gebeizten Lachsforellen- und Orangenfilets sowie dem Sprossen-Mix anrichten.
6. Alles mit dem Dressing beträufeln und dem gebratenen Ingwer garnieren.

GEBRATENER WEISSER SPARGEL

mit Körndl-Reis

Tipp: Nehmen Sie nur frischen Spargel, tiefgekühlter Spargel ist für dieses Gericht zu wässerig und weich.

ZUTATEN FÜR
1 INSIDE-OUT-MAKI-ROLLE (8 STÜCKE)

1 Nori-Blatt (20 x 14 cm)

140 g Körndl-Reis

Wasabi (nach Geschmack)

2-4 Stg. frischen weißen Spargel (je nach Größe)

etwas Öl zum Bestreichen der Spargelstangen

1/2 Tasse gemischte Sprossen
(Rote Beete, Rettich, Radieschen, Kresse)

1 EL Orangen-Teriyaki-Dip (Rezept Seite.. 139)

ZUBEREITUNG

1. Geschälten, rohen Spargel auf dem Grill oder in einer heißen Pfanne kurz anbraten. Abkühlen lassen.

2. Spargel und Sprossen in den Eierpfannkuchen wickeln.

3. Mit Nori, Reis und dem eingewickelten Spargel eine Rolle formen.

4. Rolle in 8 Stücke schneiden und mit der Orangen-Teriyaki-Sauce servieren.

FISCH-NIGIRI

Fisch aus der Heimat

Für wild gefangene Fische wie Bachsaibling, Felchen, Bach- oder Regenbogenforelle endet im März/April die Schonzeit. Daher gibt es Fisch-Nigiri bei den Frühlings-rezepten. Lachsforellen sind Zuchtfische und daher das ganze Jahr über erhältlich.

ZUTATEN FÜR
JEWEILS 2 STÜCK

20 g fertiger Sushi-Reis (je Stück)

Wasabi (nach Geschmack)

2 Scheibchen frischer Bachsaibling

2 Scheibchen frische Lachsforelle

2 Scheibchen Lachsforelle mit Pfefferkruste

2 Scheibchen mit Kräutern marinierte Bachforelle
(Marinade-Rezept auf Seite 133)

2 Scheibchen geflämmte Regenbogenforelle
mit Teriyaki-Glasur (Rezept auf Seite 138)

ZUBEREITUNG

Zubereitung wie auf Seite 62 ausführlich beschrieben.

Tipp: Auch gebeizte oder geräucherte Fische eignen sich sehr gut für Nigiri. Warm geräucherte Fische sollten jedoch mit Nori an den Reis „gebunden" werden, da sie sonst nicht am Reis haften bleiben.

GEBEIZTER BACHSAIBLING

auf knusprig gebratenem Sushi-Reis

Tipp: Für dieses Rezept pressen Sie den Reis in eine Form (Oshi-Zushi) oder bereiten eine Maki-Rolle zu. Bei beiden Varianten schneiden Sie den Reis in ca. 1,5 bis 2 cm dicke Scheiben.

ZUTATEN FÜR 2 STÜCK

80 g fertiger Sushi-Reis

Öl zum Braten des Sushi-Reises

30 g gebeizter Bachsaibling

1/2 Radieschen

1-2 junge Löwenzahnblätter

1 TL Gartenkresse

etwas Limettenschalen-Abrieb

TL Limettensaft

1/2 Bärlauchblatt

1 TL Olivenöl

Salz und Pfeffer (nach Geschmack)

Löwenzahnblüte und -blatt als Dekoration

ZUBEREITUNG

1. Gebeiztes Saiblingsfilet in etwa 0,5 cm große Würfel schneiden.
2. Radieschen in feine Scheiben, Löwenzahnblätter und Bärlauch in dünne Streifen schneiden.
3. Saiblingsfilet, Löwenzahn, Radieschen, Gartenkresse, Limettensaft, Limettenschalen-Abrieb, Bärlauch und Olivenöl gut vermischen und mit Salz und Pfeffer abschmecken.
4. Reisscheiben in heißem Öl auf beiden Seiten goldbraun braten.
5. Noch warm mit dem Tatar belegen.

Warmer, knuspriger Sushi-Reis mit erfrischendem, frühlingshaftem Tatar.

ERDBEER-OSHI
mit Holunderblüten

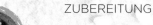

ZUTATEN FÜR
FÜR 1 OSHIBAKO (5 STÜCKE)

170 g fertiger Sushi-Reis
(gedämpft und ungewürzt)

2 EL Holunderblüten-Sirup

3 Minzeblätter

10 Melisseblätter

3 Erdbeeren

ZUBEREITUNG

1. Gedämpften, warmen Sushi-Reis mit Holunderblüten-Sirup, gehackter Melisse und Minzeblättern würzen.
2. Oshibako (Oshi-Zushi-Form) mit Wasser befeuchten.
3. Gewürzten Sushi-Reis einfüllen und leicht anpressen.
4. Darauf die klein geschnittenen Erdbeeren geben.
5. Mit einem feuchten Messer schneiden und anrichten.

Tipp: Haselnuss-, Karamell- oder Vanilleeis passen hervorragend. Hat der Holunderblüten-Sirup zu wenig Säure, geben Sie etwas Zitronensaft hinzu.

Sushi als Dessert? Ja, auf alle Fälle! Erfrischend ist
es mit Holunderblüten, Minze und Melisse.

Sommer

Geschmack: bitter

Charakter: Feuer symbolisiert Liebe, Freude, Begeisterung und Optimismus. Es steht für die Hitze des Sommers und für die Leidenschaft, Neues zu entdecken. Die Farbe Rot in all ihren Schattierungen repräsentiert das Feuerelement genauso wie spitze oder dreieckige Formen.

KNUSPRIGER SAN DANIELE-SCHINKEN

mit Aprikose

Tipp: Geeignet sind auch die Schinkensorten Serrano und Parma sowie Coppa.

ZUTATEN FÜR
1 MAKI-ROLLE (8 STÜCKE)

1/2 Nori-Blatt

80 g fertiger Sushi-Reis

Wasabi (nach Geschmack)

1 Aprikose

30 g rote Paprika (in Streifen geschnitten)

2-3 Scheiben San Daniele-Schinken
(im Ofen knusprig gebacken)

3-4 Melisseblätter

1 Basilikumblatt

1 Minzeblatt

ZUBEREITUNG

1. Die knusprigen Schinken-Scheiben zwischen zwei Stücke Backpapier legen und mit einem Rollholz 2 bis 3 Mal drüber gehen – der Schinken bricht in kleine Stücke.

2. Melisse, Basilikum und Minze hacken und unter den Sushi-Reis mischen. Kurz ziehen lassen, damit der Reis den Duft der Kräuter aufnehmen kann.

3. Eine Inside-Out-Rolle mit den Aprikosenspalten und Paprikastreifen als Einlage zubereiten.

4. Inside-Out-Rolle in den San Daniele-Stücken wälzen.

GRILL-GEMÜSE
mit Saiblingsspießchen

ZUTATEN FÜR
1 MAKI-ROLLE (8 STÜCKE)

1 Nori-Blatt

100 g fertiger Sushi-Reis

Wasabi (nach Geschmack)

100 g Grillgemüse

60 g Fenchel

1 EL Olivenöl

1 TL Zitronensaft

einige Safran-Fäden

Salz

8 Scheibchen marinierter Saibling
(Rezept auf Seite 133)

8 Holzspießchen

ZUBEREITUNG

1. Fenchel in feine Streifen schneiden und kurz mit heißem Wasser überbrühen.
2. Mit Olivenöl, Safran-Fäden, Zitronensaft und Salz kurz marinieren.
3. Aus dem Nori, Sushi-Reis, Wasabi und abgekühltem Grillgemüse eine Maki-Rolle formen.
4. Maki-Rolle in 8 Stücke schneiden.
5. Fenchel auf die Maki-Stücke geben.
6. Geschnittenen Saibling kurz durch die Marinade ziehen und mit Maki-Stücken auf Spießchen stecken.

Ein wunderbares Rezept, um übrig gebliebenes Grillgemüse zu verarbeiten.
Oder Sie grillen das Gemüse vor der Zubereitung und nehmen das erfrischende
Sushi als Vorspeise.

SCHARFE FLUSSKREBSE

mit Lachsforellen-Carpaccio

Tipp: Schneiden Sie die fertige Rolle in der Frischhaltefolie und ziehen Sie dann die Folie erst ab.

ZUTATEN FÜR
1 INSIDE-OUT-MAKI-ROLLE (10 STÜCKE)

1 Nori-Blatt (20 x 14 cm)

150 g fertiger Sushi-Reis

20 g Gurken (in feine Stäbchen geschnitten)

60 g Flusskrebs-Fleisch (gegart)

1 EL Hot Chili Sesam-Mayo (Rezept Seite 138)

40 g dünne Scheiben Lachsforelle zum Belegen

etwas Zitrusöl und Zitronenpfeffer

knusprig gebratene Lachsforellenhaut
und pürierte Zuckererbsen für die Deko

ZUBEREITUNG

1. Auf einer mit Frischhaltefolie überzogenen Makisu eine Inside-Out-Rolle zubereiten.

2. Die Flusskrebse mit der Chili Sesam-Mayo mischen.

3. Rolle mit Gurkenstäbchen und Flusskrebs-Fleisch füllen, mit den dünn geschnittenen Lachsforellenscheiben belegen und mit etwas Druck zusammenpressen.

4. Mit Zitronenöl einstreichen und Zitronenpfeffer bestreuen. Schneiden und anrichten.

5. Für die Deko die Lachsforellenhaut in etwas Öl knusprig braten, dann in Streifen schneiden.

6. Mit zwei Teelöffeln das Zuckererbsenpüree und je ein Stück der knusprigen Lachsforellenhaut auf die Maki-Stücke platzieren.

Die besten und schmackhaftesten Pfifferlinge gibt es ab Anfang Juli.
Daher gehört dieses Rezept auch in den Sommer. Das beste Aroma für Sushi
bekommen Sie, wenn die Pilze geröstet werden.

PFIFFERLINGE

geröstet

ZUTATEN FÜR
1 MAKI-ROLLE (6 STÜCKE)

1/2 Nori-Blatt

70 g fertiger Sushi-Reis

Wasabi (nach Geschmack)

1 TL Öl zum Rösten der Pfifferlinge

60 g Pfifferlinge (klein und fest)

1/2 TL Knoblauch (fein geschnitten)

1 TL Schalotten (fein geschnitten)

1/2 TL Petersilie (gehackt)

etwas Salz, Pfeffer

ZUBEREITUNG

1. Pfifferlinge mit Knoblauch und Schalotten scharf anrösten. Mit Salz und Pfeffer würzen und gehackte Petersilie zugeben. Abkühlen lassen.
2. Maki-Rolle mit den Pfifferlingen als Füllung zubereiten.
3. Rolle in 6 Stücke schneiden.

GEMÜSE-NIGIRI

einfach vegetarisch

Der Sommer ist die beste Jahreszeit, um erfrischendes Gemüse-Nigiri zuzubereiten. Das Gemüse muss sehr frisch und knackig sein. Verwenden Sie nur Sorten mit wenig Wassergehalt. Auch darf das Gemüse nicht schwammig in der Konsistenz sein. Für Nigiri kann das Gemüse mal roh, gegrillt, gebraten oder ganz kurz mit heißem Wasser überbrüht sein.

ZUTATEN FÜR JEWEILS 2 STÜCK

20 g Sushi-Reis (je Nigiri)

Wasabi (nach Geschmack)

2 Baby-Mais

4 Zuckererbsenschoten

1 kleine Zucchini

einige Streifen verschiedenfarbige Paprika

2 Scheiben junge Steinpilze

1 cm breite Nori-Streifen zum „Anbinden" des Gemüses an den Reis

ZUBEREITUNG

Zubereitung wie auf Seite 62 ausführlich beschrieben.

TEMAKI-PARTY
Eigenkreation gefragt

Temaki können Sie individuell füllen – je nach Geschmack, Lust und Laune – also die ideale Art für eine Party mit Freunden. Sie laden Ihre Gäste ein und jeder bereitet sich sein Temaki selbst. Dafür arrangieren Sie auf einer Platte verschiedene geschnittene, der Jahreszeit entsprechende Gemüsesorten, frischen, gebeizten oder geräucherten Fisch, marinierte Flusskrebse, dünne Eierpfannkuchen und zwei Dip-Saucen. Hinzu kommen in Temaki-Größe geschnittene Nori-Blätter, eine Schale mit Reis, Wasabi – fertig ist das Temaki-Buffet!

FILET VOM WEIDERIND

mit Alpenkräutern auf Körndl-Reis

Tipp: Für Wild-Liebhaber: Nehmen Sie anstatt des Rinderfilets dünne Scheiben vom Reh- oder Hirschrücken.

ZUTATEN FÜR
1 MAKI-ROLLE (10 STÜCKE)

1 Nori-Blatt (20 x 12 cm)

120 g Körndl-Reis

Wasabi (nach Geschmack)

40 g Gurke (ohne Kerne und in feine Streifen geschnitten)

10-15 g Rucola

30 g weißer Rettich (in feine Streifen geschnitten)

80 g Rinderfilet

1 EL schwarzer Pfeffer (geschrotet)

1 EL Öl zum Anbraten

1 EL gehackte, gemischte Alpenkräuter
(Bachkresse, Petersilie, Thymian, wilder Majoran)

1 Scheibe von der Knoblauchzehe

1 EL Zitrusöl

ein paar geröstete Kürbiskerne (grob gehackt)

etwas Salz

1 EL Kürbiskernöl

ZUBEREITUNG

1. Aus Nori, Körndl-Reis, Wasabi, Rettich- und Gurkenstreifen sowie 2/3 des Rucolas eine Inside-Out-Rolle herstellen.
2. Rinderfilet in den geschroteten Pfefferkörnern wälzen und in heißem Öl auf allen Seiten ganz kurz anbraten. Abkühlen lassen.
3. Restlichen Rucola mit den Kräutern und Knoblauch hacken und mit dem Zitronenöl vermischen.
4. Rinderfilet in dünne Scheiben schneiden und die Maki-Rolle damit belegen.
5. Mit Frischhaltefolie und Makisu etwas andrücken und die Rolle in Stücke schneiden.
6. Auf jedes Stück Kräuter, etwas Kürbiskernöl geben und salzen.

KAROTTEN UND FRISCHKÄSE
in Mangoldblättern

Tipp: Wer es gerne etwas schärfer mag, kann die Chili-Sauce dazu probieren

**ZUTATEN FÜR
1 MAKI-ROLLE (8 STÜCKE)**

2 Mangoldblätter

70 g fertiger Sushi-Reis

Wasabi (nach Geschmack)

1 EL Frischkäse

1 TL geröstete Sonnenblumenkerne

25 g verschiedenfarbige Karotten
(in feine Streifen geschnitten)

ZUBEREITUNG

1. Mangold-Blätter kurz mit heißem Wasser überbrühen, abkühlen lassen und auf Küchenpapier trocken legen. Dickere Stiele ausschneiden.
2. Mangoldblätter auf der mit Folie überzogenen Bambusmatte als Rechteck in der Größe eines Nori-Blattes ausbreiten.
3. Sushi-Reis darauf verteilen.
4. Wasabi auftragen und den Frischkäse mit einem Teelöffel drüber streichen. Dabei den Reis nicht zu fest andrücken.
5. Geröstete Sonnenblumenkerne und Karotten-Streifen darauf platzieren.
6. Alles einrollen und die Rolle in 8 gleich große Stücke schneiden.

Maki mit schönen Farbkombinationen.

Herbst

Geschmack: scharf

Charakter: Metall steht für Tatkraft, Entschlossenheit, strategisches Denken und einen ideellen Abstand zu den Dingen. Der (Lebens-)Herbst als zugehörige Jahreszeit läutet die Phase ein, in der man die Streu vom Weizen zu trennen vermag und alte Gewohnheiten hinter sich lässt. Die Farbe Weiß und runde Formen repräsentieren das Metall.

Eingelegter Butternuss-Kürbis

süß-sauer

**ZUTATEN FÜR
1 MAKI-ROLLE (8 STÜCKE)**

1/2 Nori-Blatt

80 g fertiger Sushi-Reis

1 EL geröstete Kürbiskerne (grob gehackt)

100 g süß-sauer eingelegter Kürbis (Rezept Seite 135)

2-3 essbare Kapuzinerkresse-Blüten

1 TL Teriyaki-Glaze

ZUBEREITUNG

1. Inside-Out-Maki-Rolle mit Kürbis und Kürbiskernen als Einlage formen.
2. Reis mit essbaren Blüten „bekleben".
3. Rolle in einem Stück Frischhaltefolie in 8 Stücke schneiden und mit einigen Tropfen Teriyaki-Glaze servieren.

Tipp: Auch der Hokkaido-Kürbis eignet sich sehr gut zum Einlegen. Der Butternuss-Kürbis lässt sich jedoch besser in gerade Streifen schneiden.

ALMOCHSEN-TATAR

mit Pilzen

Tipp: Anstatt einer Form können Sie auch einen runden Keksausstecher nehmen.

ZUTATEN FÜR
2 STÜCK

70 g fertiger Sushi-Reis (2-farbig)

Wasabi (nach Geschmack)

40 g Rinderfilet (klein-würfelig geschnitten)

10 g frischer Steinpilz (klein-würfelig geschnitten)

3-4 kleine Pfifferlinge (klein würfelig geschnitten)

1 TL Schalotten (geschnitten)

1 TL Sesamöl

1 TL Mirin

1 TL Soja-Sauce

etwas Petersilie (gehackt)

etwas Schnittlauch (geschnitten)

1/4 TL Ingwer (fein gerieben)

Salz, Pfeffer

ZUBEREITUNG

1. Sushi-Reis mit einem Teelöffel in eine kleine, befeuchtete Form füllen und leicht anpressen.

2. Restliche Zutaten behutsam vermischen und auf den Reis in der Form geben.

3. Form umdrehen und vorsichtig hochziehen.

Bereiten Sie das Tatar mit frischen Pilzen zu.

OSHI AUS GERÄUCHERTER BACHFORELLE
und Flusskrebsen

Tipp: Anstatt einer Oshibako können Sie auch eine mit Frischhaltefolie ausgelegte Metallform verwenden.

ZUTATEN FÜR
1 OSHIBAKO (5 STÜCKE)

1 Nori-Blatt (18 x 14 cm, passend für die Oshi-Form)

120 g fertiger Sushi-Reis

50 g Flusskrebse (gut abtropfen lassen)

etwas Dill

1 TL frischer Meerrettich (fein gerieben)

1/2 TL Zitronensaft

50 g Räucherforellenfilet

1 EL Forellenkaviar

10 g Fenchel (in feine Streifen geschnitten)

ZUBEREITUNG

1. Flusskrebse mit Meerrettich und Zitronensaft vermischen.
2. Nori-Blatt in die Oshi-Zushi-Form legen, die Hälfte des Reises einfüllen und ihn leicht andrücken.
3. Etwas frischen Dill, Krebse und nochmal Dill übereinander schichten.
4. Zum Schluss den restlichen Reis darauf verteilen und wieder leicht andrücken.
5. Überstehendes Nori nach innen falten und die geräucherte Forelle darauf platzieren.
6. In Stücke schneiden, mit etwas frischem Fenchel und Forellenkaviar dekorieren.

STEINPILZ-NIGIRI

Waldaroma pur

ZUTATEN FÜR
2 STÜCK

20 g fertiger Sushi-Reis (je Stück)

Wasabi (nach Geschmack)

2 Rucola-Blätter

2 Scheiben frische, junge Steinpilze

Schnittlauch zum „Festbinden" der Pilze

etwas Kräuter- und Olivenöl

etwas Pfeffer

ZUBEREITUNG

1. Auf den handgeformten Reis etwas Wasabi auftragen, darauf ein Blatt Rucola und ein passendes Stück vom frischen Steinpilz geben.
2. Mit Schnittlauch „festbinden".
3. Mit Kräuter- und Olivenöl bestreichen und mit etwas Pfeffer würzen.

Tipp: Wer Steinpilze nicht roh verzehren möchte, kann sie vorher in Olivenöl oder Butter kurz scharf anbraten.

Die Saison für Steinpilze dauert bis in den Oktober hinein.
So passt Steinpilz-Nigiri perfekt in den Herbst.

MILDER RAUCHSCHINKEN
mit Schafskäse und Apfel

Tipp: Für die Sushi-Reis-Marinade können Sie auch Apfelessig anstatt Reisessig nehmen.

ZUTATEN FÜR
1 MAKI-ROLLE (8 STÜCKE)

3 Scheiben milder Rauchschinken
130 g fertiger Sushi-Reis
Wasabi (nach Geschmack)
30 g Schafskäse
1/4 Apfel
1 TL geröstete Sonnenblumenkerne
3-4 Salbeiblätter

ZUBEREITUNG

1. Schafskäse in Würfel schneiden (1 x 1 cm).
2. Apfel entkernen und in feine Spalten schneiden.
3. Schinken auf einer folierten Makisu auslegen. Reis darauf verteilen und mit Wasabi würzen.
4. Mit Schafskäse, Apfelspalten, Sonnenblumenkernen und Salbei belegen und zu einer Maki-Rolle formen.
5. In 8 gleich große Stücke schneiden.

Selbstverständlich können Sie je nach Jahreszeit auch andere Zutaten kombinieren.

HERBSTLICHES CHIRASHI
vegetarisch

Tipp: Genießen Sie Chirashi ausschließlich mit Stäbchen!

ZUTATEN FÜR
1 SCHALE CHIRASHI

130-150 g fertiger Sushi-Reis

3 kleine Stücke gebratener Hokkaido-Kürbis

2 Scheibchen vom Steinpilz

30 g gebratene Pfifferlinge

2 dünne Birnenspalten

30 g Mangold (in Streifen geschnitten)

50 g dünner Eierpfannkuchen (gerollt und geschnitten)

1 Cherrytomate

einige geröstete Kürbiskerne

2-3 dünne Scheiben frische Ringelbeete

Dazu servieren Sie:

1/4 TL Wasabi

1 Schälchen Dip-Sauce (entweder Soja-,
Pilz- oder Schnittlauchsauce)

ZUBEREITUNG

1. Hokkaido-Kürbisspalten mit etwas Öl, Ingwer, Salz und Pfeffer kurz auf beiden Seiten in einer Pfanne braten.
2. Steinpilze und Pfifferlinge ebenfalls kurz in Öl rösten, salzen und pfeffern.
3. Mangold mit heißem Wasser abbrühen und kalt stellen.
4. Sushi-Reis in eine Schale füllen und an der Oberfläche mit allen Zutaten schön anrichten.
5. Mit Wasabi und Dip-Sauce servieren.

BIRNE MIT WALNUSS

und Rosmarin-Pesto

Tipp: Schnittlauch-Soja-Sauce

ZUTATEN FÜR
1 MAKI-ROLLE (8 STÜCKE)

1/2 Nori-Blatt

70 g Sushi-Reis

Wasabi (nach Geschmack)

1/4 Birne

1 TL Rosmarin-Pesto (Rezept Seite 134)

4-5 Walnuss-Hälften

ZUBEREITUNG

1. Birne entkernen und in vier gleichmäßige Spalten schneiden.
2. Maki-Rolle mit Wasabi, Rosmarin-Pesto, Birnenspalten und Walnüssen als Fülle herstellen.
3. In 8 Stücke schneiden.

ZANDER-TERIYAKI

und Eierpfannkuchen

Tipp: Für Vegetarier ist Maki ohne Zander auch sehr schmackhaft. Teriyaki-Sauce können Sie beim Servieren noch über die Maki-Stücke träufeln.

ZUTATEN FÜR
1 MAKI-ROLLE (10 STÜCKE)

1 Nori-Blatt

140 g fertiger Sushi-Reis

Wasabi (nach Geschmack)

40 g Zanderfilet

1 TL Teriyaki-Sauce

5-6 Gurken-Stäbchen

einige Karotten-Streifen

ein paar Sprossen vom Rotkohl

1 Eierpfannkuchen

einige Rucola-Blätter

ZUBEREITUNG

1. Zanderfilet kurz und scharf anbraten, mit Teriyaki- Sauce bestreichen und in Streifen schneiden.
2. Eierpfannkuchen zubereiten und noch warm einrollen.
3. Eierpfannkuchen schneiden.
4. Futomaki-Rolle mit allen Zutaten als Füllung zubereiten.
5. Rolle in 10 Stücke schneiden.

Winter

Geschmack: salzig

Charakter: Wasser stellt alles in Frage und überdenkt herkömmliche Grenzen. In unserem Lebenszyklus kehrt mit dem Wasser der Winter ein, eine Zeit, in der man sich ins Innere zurückzieht und sich auf das Wesentliche konzentriert. Schwarz und Dunkelblau stehen ebenso für Wasser wie unregelmäßige und wellenförmige Formen.

Herzhaft und deutsch! Diese gebackene Kombination sollte noch warm gegessen werden.

Tipp: Lassen Sie die Frittierzeit unter einer Minute bleiben, damit der Reis nicht matschig wird. Träufeln Sie während des Frittierens noch Teigreste über die Rolle - das macht sie noch knuspriger!

SPECK UND KRAUTSALAT
im Kürbiskern-Tempura

ZUTATEN FÜR
1 MAKI-ROLLE (8-10 STÜCKE)

1 Nori-Blatt

130 g fertiger Sushi-Reis

Wasabi (nach Geschmack)

4 dünne Scheiben Bauchspeck

40 g Krautsalat (Rezept Seite 132)

25 g rote Paprika (4-6 Streifen)

100 g Tempura-Teig

1 EL Kürbiskerne

Öl zum Frittieren

ZUBEREITUNG

1. Bauchspeck auf ein Backblech legen und im Ofen bei 160°C 4 bis 6 Minuten knusprig braten.
2. Paprika in Streifen schneiden.
3. Maki-Rolle formen, mit Bauchspeck, gut abgetropftem Krautsalat und Paprika-Streifen füllen.
4. Kürbiskerne grob hacken und in den Tempura-Teig geben.
5. Maki-Rolle je nach Größe des Frittier-Gefäßes entweder ganz oder in 2 Hälften geschnitten in Tempura-Mehl wenden und durch den Tempura-Teig ziehen. In heißem Öl kurz frittieren.
6. Maki-Rolle in gleich große Stücke schneiden und sofort warm servieren.

MAKI AM SPIESS

mit Roter Beete, Kürbis und Pfeffer-Lachsforelle

Tipp: Für mehr Schärfe passt auch die Honig-Chili-Sauce hervorragend zu dem Maki-Spieß.

ZUTATEN FÜR 6 MAKI-SPIESSCHEN

Für die Maki-Rolle:

1/2 Nori-Blatt

1/4 Nori-Blatt

70 g fertiger Sushi-Reis

Wasabi
(nach Geschmack)

40 g Rote Beete
(gegart und in 1 x 1 cm
Stäbchen geschnitten)

Für die Spießchen:

1 Streifen vom
Lachsforellenfilet
(ca. 2 x 2 cm und
10 cm lang)

1/2 TL Zitronenpfeffer

6 kleine Hokkaido-
Kürbisspalten

1/2 TL Ingwer (in feine
Streifen geschnitten)

etwas Salz

1/4 TL brauner Zucker

1 TL Öl zum Braten

6 kleine Spießchen

ZUBEREITUNG

1. Lachsforellen-Streifen in Zitronenpfeffer wenden und einige Sekunden scharf auf allen Seiten anbraten. Abkühlen lassen.

2. In 6 gleich große Stücke schneiden.

3. Kürbisspalten in heißem Öl kurz anbraten, mit Ingwer, Salz und Zucker würzen. Abkühlen lassen.

4. Rote Beete in das 1/4 Nori-Blatt einrollen.

5. Aus dem 1/2 Nori-Blatt, Sushi-Reis, Wasabi und eingerollter Roter Beete eine Maki-Rolle formen und in 6 Stücke schneiden.

6. Auf die Spießchen Lachsforelle, Maki-Stücke und Kürbis stecken.

Ist noch etwas von der Martini- oder Weihnachtsgans übrig? Dann bereiten Sie daraus eine schmackhafte Maki-Rolle. Ersetzen Sie das im Rezept beschriebene Gänse-Confit mit den gebratenen Gans-Resten.

GÄNSE-CONFIT
mit Honig und Chili

Tipp: Da die Maki-Rolle mit der Honig-Chili-Sauce gut gewürzt ist, brauchen Sie weder Wasabi noch Soja-Sauce zuzugeben.

ZUTATEN FÜR
1 MAKI-ROLLE (8 STÜCKE)

1 Nori-Blatt (20 x 12 cm)

1 dünner Eierpfannkuchen

120 g fertiger Sushi-Reis

50 g Gänse-Confit (Rezept Seite 131)

1 EL Honig-Chili Sauce (Rezept Seite 137)

3-4 Spalten Blutorangen- oder Orangenfilets

2 Gurkenstäbchen
(0,5 x 0,5 cm und in der Länge des Nori-Blattes)

2 Stäbchen Staudensellerie
(0,5 x 0,5 cm und in der Länge des Nori-Blattes)

10 g rote Zwiebel (fein-blättrig geschnitten)

ZUBEREITUNG

1. Gänse-Confit leicht erwärmen, das Fett gut abtropfen lassen und mit den Fingern zerteilen.
2. Honig-Chili-Sauce untermischen.
3. Inside-Out-Maki-Rolle mit allen Zutaten - außer Eierpfannkuchen - herstellen.
4. Eierpfannkuchen auf eine mit Folie überzogene Bambusmatte geben, die Seiten links und rechts in der Länge des Nori-Blattes gerade schneiden.
5. Inside-Out-Rolle auf den Eierpfannkuchen geben und in diesen einrollen.
6. Maki-Rolle in 8 gleich große Stücke schneiden.

WURZEL-GEMÜSE
und Kürbis-Tempura

Tipp: Dazu passen Orangen-Teriyaki-Sauce oder Pilz-Dip.

ZUTATEN FÜR
1 MAKI-ROLLE (8 STÜCKE)

1 Nori-Blatt

130 g fertiger Sushi-Reis

30 g Wurzelgemüse
(Sellerieknolle, Pastinake, Karotte, Steckrübe
in 0,5 x 0,5 cm Streifen geschnitten)

1 TL Schnittlauch (geschnitten)

1/2 TL frischer Meerrettich

1/4 TL Ingwer

1/2 EL Öl zum Rösten des Wurzelgemüses

etwas Zucker

etwas Salz und Pfeffer

50 g Kürbis (in 1 x 1 cm dicke Stäbchen geschnitten)

100 ml Tempura-Teig

Öl zum Frittieren

ZUBEREITUNG

1. Zucker im Öl goldbraun karamellisieren. Das in Streifen geschnittene Wurzelgemüse und den Ingwer darin anrösten und mit Salz und Pfeffer würzen.

2. Abkühlen lassen und geriebenen Meerrettich sowie Schnittlauch zugeben.

3. Kürbis zuerst in Tempura-Mehl wenden, dann in den Tempura-Teig eintauchen und im heißen Öl 2 bis 3 Minuten knusprig frittieren. Der Kürbis darf ruhig noch knackig sein. Auf Küchenpapier gut abtropfen lassen.

4. Maki-Rolle mit Wurzelgemüse und dem noch warmen Kürbis als Füllung rollen.

5. In 8 Stücke schneiden und warm servieren.

Einmal darf es höllisch brennen -
dann kommt die Abkühlung!

INTO HELL AND BACK
feurig-erfrischend

Tipp: Sie können auch andere Arten von Fischen – frisch oder geräuchert – verwenden.

ZUTATEN FÜR
1 STÜCK

Into Hell-Maki Rolle:

1 Nori-Blatt-Streifen (3,5 x 18 cm)

20 g fertiger violetter Sushi-Reis

20 g kalt geräucherte Lachsforelle

1 TL Chili-Sauce (Rezept Seite 137)

TL Forellenkaviar

rote Chili-Scheibchen
zur Dekoration

Back From Hell-Rolle:

1 Gurken-Streifen
(3,5 x 18 cm)

20 g fertiger Sushi-Reis

1/2 TL Quark

1 EL feine Gurkenwürfel

2 Blätter Minze

1/2 TL Zitrusöl

ZUBEREITUNG

Aus den jeweiligen Zutaten je 1 Gunkan-Maki formen und dekorieren.

BASISREZEPTE FÜR SUSHI-KREATIONEN

FRISCHE FISCHE BEIZEN

Die Beize-Rezepte können Sie für verschiedene Fische anwenden. Kleinere Filets vom Saibling oder von der Bachforelle (150-180 g pro Filet) sollten Sie jedoch nur 10-12 Stunden einlegen. Das über 300 g schwere Lachsforellenfilet kann schon einen Tag in der Beize liegen bleiben.

REZEPT 1 - ZUTATEN

2 Saiblingsfilets mit Haut (je 170 g)

20 g Salz

15 g Zucker

8-10 schwarze Pfefferkörner

3 Wacholderbeeren

1 Stängel frischer Thymian

1/4 TL Senfkörner

1/2 TL Ingwer (fein gerieben)

etwas abgeriebene Zitronenschale

REZEPT 2 - ZUTATEN

1 Lachsforellenfilet mit Haut (etwa 350 g)

25 g Salz

20 g brauner Zucker

10 schwarze Pfefferkörner

3 Wacholderbeeren

1 Stängel Dill

1/2 TL Ingwer (fein gerieben)

3 Orangenscheiben

ZUBEREITUNG

1. Mit der Grätenpinzette die Seitengräten der Lachsforelle entfernen.
2. Wenn notwendig, das Filet am Bauchlappen noch zurechtschneiden.
3. Filet mit Küchenpapier gut trocken tupfen.
4. Wacholderbeeren und Pfefferkörner in einem Mörser zerstoßen und mit Salz, braunem Zucker, fein geriebenem Ingwer und geschnittenem Dill vermischen.
5. Fischfilet in ein passendes Geschirr legen, die Salz-Gewürzmischung darauf verteilen und schließlich mit den dünn geschnittenen Orangenscheiben belegen.
6. Zugedeckt einen Tag ziehen lassen, dann aus der Marinade nehmen und trocken tupfen.

DÜNNE EIERPFANNKUCHEN

ZUTATEN (FÜR 1 STÜCK MIT 28 CM DURCHMESSER)

1 großes Ei

1/2 TL Zucker

etwas Salz

Öl für die Pfanne

ZUBEREITUNG

Wie einen einfachen Pfannkuchen backen.

GÄNSE-CONFIT

ZUTATEN FÜR 2 GÄNSEKEULEN

300 g Gänsefett

20 g Salz

10 schwarze Pfefferkörner

5 Pimentkörner

1-2 Stängel Thymian

20 g Ingwer (in Scheiben geschnitten)

2 Knoblauchzehen

1 Lorbeerblatt

10–15 Koriandersamen

ZUBEREITUNG

1. Gänsekeulen abspülen, trocknen und mit Salz einreiben.
2. Gänsefett in einem Bräter oder Kochtopf erhitzen, alle Gewürze und Kräuter hinzugeben.
3. Keulen in das Gänsefett legen und aufkochen lassen.
4. Keulen in den Backofen geben und 3 Std. bei 130°C schmoren lassen.
5. Gänsekeulen aus dem Fett und das Fleisch von den Knochen nehmen.

TIPP: Das Gänse-Confit kann mit Öl bedeckt über längere Zeit aufbewahrt werden.

Honig-Cayenne-Orangen-Marinade

Die Marinade passt besonders gut zu Blattsalaten und Sprossen. (Siehe Rezept Seite 73, Valentine`s Sweethearts)

ZUTATEN FÜR ETWA 100 ML MARINADE

1 EL Olivenöl

1 TL Limettensaft oder Rosenessig

1 TL Mirin

1 TL Honig

etwas abgeriebene Orangenschale

etwas Ingwer (fein gerieben)

etwas Cayenne-Pfeffer

Salz und Zucker (nach Geschmack)

ZUBEREITUNG

Alle Zutaten gut miteinander verrühren.

Krautsalat

ZUTATEN (FÜR 100 G)

100 g Weißkraut (fein geschnitten)

20 g Zwiebel (fein geschnitten)

1 EL Öl

10 ml Apfelessig oder weißer Balsamico

1/2 TL Ingwer (fein gerieben)

1/2 TL Zucker

Salz und Pfeffer (nach Geschmack)

ZUBEREITUNG:

1. Zwiebeln im Öl rösten.
2. Geschnittenes Kraut salzen und 10 Min. ziehen lassen.
3. Kraut gut ausdrücken.
4. Geröstete Zwiebeln und alle anderen Zutaten über das Kraut geben.
5. Gut vermischen.

MARINADE FÜR SAIBLINGSSPIESSCHEN

ZUTATEN FÜR 8–10 SCHEIBCHEN SAIBLING

2 EL Olivenöl

Saft von einer Zitrone

1/2 TL frischer Koriander (gehackt)

1/2 TL frische Petersilie (gehackt)

1/2 Knoblauchzehe (fein geschnitten)

Salz und Pfeffer (nach Geschmack)

ZUBEREITUNG

1. Alle Zutaten verrühren und mit Salz und Pfeffer abschmecken. Möglichst kurz vor dem Servieren zubereiten, da die Kräuter sonst ihre frische Farbe von der Säure verlieren.

ROSENESSIG

Verwenden Sie für dieses Rezept nur duftende und ungespritzte Rosen!

1. Blütenblätter entfernen und locker in ein Glas füllen.
2. Glas mit neutralem, mildem Weißwein-Essig auffüllen und 2-3 Wochen an einen sonnigen Platz stellen.
3. Abseihen und den Essig dunkel aufbewahren.

ROSMARIN-PESTO

ZUTATEN (FÜR 100 G)

4 EL frische Rosmarinnadeln

1 EL geröstete Sesamsamen

1/2 TL Ingwer (fein gerieben)

50 ml Olivenöl

etwas Meersalz

etwas Chili-Pulver oder Cayenne-Pfeffer

ZUBEREITUNG

1. Rosmarinnadeln in Olivenöl knusprig frittieren und auf Küchenpapier gut abtropfen lassen.
2. Rosmarinnadeln mit gerösteten Sesamsamen im Mörser fein zerstoßen.
3. Mit Ingwer, Meersalz, Chili und 1 Esslöffel des Frittier-Öls verrühren.

ROTE BEETE-PÜREE

ZUTATEN (FÜR 100 G)

100 g Rote Beete (geschält)

1/2 TL Ingwer (fein gerieben)

1 TL Zucker

etwas Salz und Cayenne oder Chili

ZUBEREITUNG

1. Rote Beete in geölter Alufolie 1-2 Std. im Ofen bei 180°C garen.
2. Abkühlen lassen.
3. Fein pürieren und mit den anderen Zutaten verrühren.

TIPP: Vorgekochte Rote Beete nach dem Pürieren gut abtropfen lassen!

SÜSS-SAUER EINGELEGTER KÜRBIS

ZUTATEN

500 g Kürbis (in Scheiben geschnitten)

200 ml neutraler weißer Essig (4% Säure)

300 ml Wasser

3 EL Honig

2 EL Zucker

20 g Ingwer

1 TL Salz

etwas Cayenne-Pfeffer

5 Nelken

5 Pimentkörner

etwas Muskat

ZUBEREITUNG

1. Alle Zutaten - außer dem Kürbis - in einem Kochtopf erhitzen, kurz aufkochen und dann einige Minuten ziehen lassen.
2. Kürbisstücke dazugeben und bei kleiner Flamme etwa 5 Min. langsam kochen.
3. Im Sud abkühlen lassen.

TIPP: Am besten eignet sich für dieses Rezept der Butternuss-Kürbis, den Sie in schöne, gerade Streifen schneiden können. Geschmacklich ist auch der Hokkaido-Kürbis ein Genuss.

TEMPURA-TEIG

ZUTATEN (FÜR 400 ML)

60 g griffiges Mehl (Typ 480)

60 g Maisstärke

1/2 Ei

240 ml Eiswasser

etwas Salz

ZUBEREITUNG

1. Mehl und Maisstärke vermengen.
2. Eiweiß und Eidotter verrühren, Eiswasser unterheben.
3. Salz zur Mehl- und Maisstärke-Mischung geben.
4. Kurz unterrühren, Teig sofort verwenden.

DIP-SAUCEN

Traditionell ist die Soja-Sauce der echte Dip für Sushi. Nehmen Sie dafür am besten die salzreduzierte Sorte von Kikkoman, beziehungsweise die glutenfreie Tamari.

Genauso wie Sie bei der Zubereitung von Sushi geschmacklich kreativ sein können, gibt es auch verschiedene Möglichkeiten, Dip-Saucen zu gestalten, um Sushi noch mehr Varianten zu geben.

Für die Sushi-Rezepte in diesem Buch wurden diese Dip-Saucen verwendet:

SCHNITTLAUCH-SOJA-DIP

Eine Abwechslung zur puren Soja-Sauce ist der Schnittlauch-Dip mit einem etwas runderem Geschmack.

ZUTATEN (FÜR 100 ML)

60 ml salzreduzierte Kikkoman-Soya-Sauce

30 ml Mirin

1 EL Limettensaft

etwas abgeriebene Limettenschale

1 EL Schnittlauch (fein geschnitten)

ZUBEREITUNG

1. Mirin erwärmen, damit der Alkohol verdampft. Abkühlen lassen.
2. Alle Zutaten verrühren.

CHILI-SAUCE

Beachten Sie bei der Zubereitung, dass je nach Chilisorte die Schärfegrade variieren können. Soll die Sauce etwas milder sein, ersetzen Sie einen Teil der Chilischote durch rote Spitzpaprika. Wenn Sie die Thai Sriracha Chili-Sauce aus dem Asia-Laden verwenden, bekommen Sie immer die gleiche Schärfe.

ZUTATEN (FÜR 100 ML)

60 g rote Chili
80 ml weißer Essig
80 ml Wasser
2 EL Zucker
1/2 TL Salz
5 Knoblauchzehen

ZUBEREITUNG

1. Chili und Knoblauch klein schneiden.
2. Alle Zutaten zusammen etwa 15 Min. langsam einkochen.
3. Abkuhlen lassen und purieren.

HONIG-CHILI-SAUCE

Diese süßliche Variante hat im Rezept „Maki mit Gänse-Confit" ihren Platz. Sie passt natürlich auch zu anderen Sushi-Rezepten.

ZUTATEN (FÜR 100 ML)

25 ml Chili-Sauce
75 ml flüssiger Honig
1 TL Zitronensaft
etwas abgeriebene Orangenschale

ZUBEREITUNG

Alle Zutaten gut miteinander verrühren.

CHILI-SESAM-MAYONNAISE

ZUTATEN (FÜR 100 ML)

40 ml Sriracha Chili-Sauce

1 EL Sesamöl

50 ml Mayonnaise

1 TL Zitronensaft

ZUBEREITUNG

Alle Zutaten gut miteinander verrühren.

TERIYAKI-GLAZE

ZUTATEN (FÜR 100 ML)

1 EL Öl

1 Knoblauchzehe

2 Scheiben Ingwer

50 g Zucker

150 ml Kikkoman Soja-Sauce

150 ml Mirin

50 ml Sake

1 EL Sesamöl

ZUBEREITUNG

1. Knoblauch und Ingwer in Öl rösten.
2. Zucker hinzugeben und karamellisieren lassen.
3. Mirin, Sake, Soja-Sauce unterrühren und solange einkochen (auf 100 ml), bis die Masse dickflüssig ist.
4. Sesamöl hinzugeben.

ORANGEN-TERIYAKI-SAUCE

Diese leicht süßliche Sauce hat ein sattes Orangenaroma. Als Basis verwenden Sie die Teriyaki-Glaze.

ZUTATEN (FÜR 100 ML)

50 ml Orangensaft oder 20 ml Orangenkonzentrat

40 ml Teriyaki-Glaze

etwas abgeriebene Orangenschale

50 ml Mayonnaise

ZUBEREITUNG

1. Orangensaft dickflüssig einkochen.
2. Eingedickten Saft gut abkühlen lassen, dann mit den restlichen Zutaten verrühren.

SESAM-SOJA-PILZ-DIP

Dieser Dip mit einem herrlichen pilzigen Aroma wird auf Basis von salzreduzierter Soja-Sauce zubereitet.

ZUTATEN (FÜR 100 ML)

50 ml salzreduzierte Kikkoman Soja-Sauce

10 ml Sesamöl

30 g frische Pilze (fein gehackt)

1/4 TL Ingwer (fein gerieben)

20 ml Mirin

1/2 TL Zitronensaft

etwas Knoblauch (fein geschnitten)

ZUBEREITUNG

1. Fein gehackte Pilze mit dem Knoblauch in Sesamöl kurz rösten.
2. Alle anderen Zutaten hinzugeben, einmal aufkochen und abkühlen lassen.

TIPP: Sie können für dieses Rezept auch getrocknete Pilze verwenden, die Sie kurz in Wasser einlegen. Getrocknete Pilze haben ein sehr intensives Aroma, daher sollten Sie die Menge entsprechend verringern. Das Pilz-Wasser unbedingt in den Dip geben und kurz einkochen lassen.

GEMÜSEDEKORATIONEN
FRISCH UND KREATIV

Hier erfahren Sie, wie Sie mit einigen wenigen Handgriffen Ihre Gäste auch mit der Optik in Staunen versetzen. Was in Asien Gang und Gebe ist, ist in unseren Breiten ein Novum: Gerichte mit essbarer Kunst in Szene zu setzen. Wir stellen einfache Dekos vor, die mit Hilfe kleiner Küchenhelfer schnell gefertigt sind. Weitere tolle Schnitzanleitungen finden Sie in den Anleitungsvideos und Lehrbüchern von Alex & Angkana Neumayer auf der Website **www.kochenundkunst.at** und eine große Auswahl an Küchenhelfern, Schnitzmessern und Büchern im **kochenundkunstshop.at**.

Mit diesen kleinen Küchenhelfern gelingen Ihre Dekorationen!

Gemüse-Schnitzmeißel

Deko-Spiralschneider

Kerbmesser und Kugelformer

Rettichschneider

Gemüse-Ausstecher

Gurkenschneider

MARGERITEN-BLÜTE

1. Nehmen Sie eine etwa 1 cm dicke, runde Scheibe einer festen Gemüsesorte und ziehen mit einem V-Schnitzmeißel rundherum von außen bis zur Mitte in einem Abstand von 1 cm gleichmäßig tiefe Einkerbungen.

2. Stechen Sie mit einem kleinen Rundmeißel zwischen den Einkerbungen schräg nach innen durch. Zwischen den einzelnen so entstandenen Blütenblättern sollte kein Abstand sein.

3. Jetzt können Sie die entstandene Blüte vorsichtig vom Rand der Gemüsescheibe herausbrechen.

4. Mit Hilfe eines kleinen Kugelformers markieren Sie die Blütenmitte, die Sie mit einem Stück Zahnstocher an der Blüte fixieren.

1.  2.  3.  4.  4a.

RADIESCHEN-BLÜTE

1. Nehmen Sie ein etwas größeres Radieschen und vorzugsweise einen gerillten Schnitzmeißel (alternativ runden Meißel).

2. Ziehen Sie Einkerbungen etwa von der Mitte des Radieschens nach unten, die sich am unteren Ende wieder treffen müssen. So entsteht die erste Reihe von Blütenblättern.

3. Entfernen Sie mit demselben Meißel die Schale in den Zwischenräumen der Einkerbungen.

4. Schneiden Sie jetzt wieder Einkerbungen genau zwischen der ersten Reihe, eine 2. Reihe von Blütenblättern entsteht.

5. Wiederholen Sie das Ausschneiden der Zwischenräume und setzen die Arbeitsschritte fort für eine 3. Reihe Blütenblätter.

1.  2.  3.  4.  5.

EDELWEISS

1. Nehmen Sie eine ca. 1,5 cm dicke Kohlrabi- oder Rettichscheibe, stechen mit einem kleinen, runden Schnitzmeißel in der Mitte der Scheibe etwa 3 mm tief ein und ziehen mit Drehung einen Kreis.
2. Schneiden Sie das Fruchtfleisch mit einem Thai-Gemüseschnitzmesser etwa 3 mm breit ringförmig aus.
3. Ordnen Sie rund um den Kreis weitere nebeneinanderliegende Kreise an.
4. Wiederholen Sie Arbeitsschritt 2 rund um die neu entstandenen Kreise.
5. Stechen Sie mit einem Zahnstocher mehrmals in die Kreise ein, um eine Textur zu geben.
6. Stechen Sie mit dem V-Meißel schräg nach unten ca. 2,5 cm lange Einschnitte, die sich am Rand der Kreise treffen sollten.
7. Schneiden Sie zwischen den Einschnitten mit dem Thai-Messer das Fruchtfleisch etwa 2 bis 3 mm tief aus.
8. Schneiden Sie mit dem V-Meißel zwischen jedem entstandenen Blütenblatt längere Einschnitte ein. Gestalten Sie diese etwas tiefer bis zu den Einschnitten der ersten Reihe.
9. Brechen Sie vorsichtig den Rand von der Blüte.

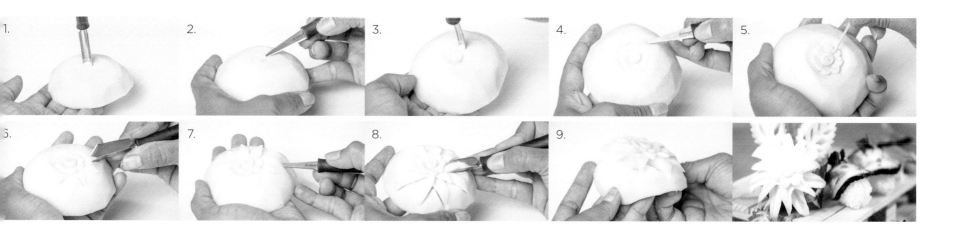

FEINE GURKEN-BLÜTE

1. Schneiden Sie mit einem breiten Gemüseschäler ein langes Stück von der Gurke.
2. Legen Sie das Gurkenstück auf ein Schneidebrett und ziehen mit einem Gewürzgurkenschneider Schnitte entlang der Breitseite des gesamten Gurkenstücks. Sie beginnen etwa 1 cm von der Seitenlinie, sodass die Gurke nicht vollständig durchgeschnitten wird.
3. Rollen Sie das Gurkenstück zusammen, fixieren es mit einem Zahnstocher und legen es für einige Minuten in kaltes Wasser.

APFEL

1. Nehmen Sie ein Stück von einem Apfel sowie einen V-Meißel.
2. Gehen Sie Schritt für Schritt vor wie bei der Kohlrabi-Dahlie. Achten Sie darauf, dass immer ein dünnes Stück Schale stehen bleibt.
3. Brechen Sie nach der gewünschten Anzahl von geschnitzten Reihen von Blütenblättern wieder den überschüssigen Rand weg.

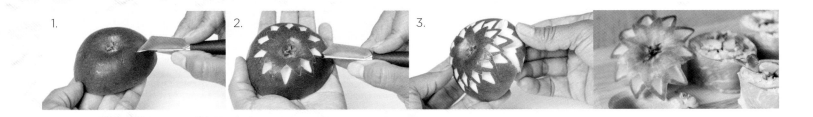

KAROTTEN-SPIRALE

1. Schälen Sie die Karotte und ziehen Sie mit dem am Spiralschneider angefügten Wellenschneider einige Rillen.
2. „Spitzen" Sie die Karotte durch drehende Bewegung wie einen Bleistift an.
3. Drehen Sie die erhaltene Spirale zu einer Blüte zusammen.

KLEINE BUNTE GEMÜSEBLÜTEN

1. Nehmen Sie Gemüseausstecher in verschiedenen Größen sowie etwa 1 cm dicke Scheiben von farbigen Gemüsesorten und stechen Sie je eine Scheibe mit verschiedenen Ausstecher-Größen aus.
2. Schnitzen Sie mit dem dreieckigen Kerbmesser (alternativ mit dem V- Meißel) einige Einkerbungen in die Blütenblätter.
3. Markieren Sie mit einem kleinen Kugelformer die Blütenmitte und fixieren Sie die einzelnen Teile mit einem Zahnstocher.

KLEINER HOKKAIDO-KÜRBIS KOPF

1. Zeichnen Sie ein lustiges Gesicht auf den Kürbis.
2. Schneiden Sie mit einem dreieckigen Kerbmesser die Umrisse des Mundes ein.
3. Entfernen Sie mit einem Gemüsemesser die Schale am Mund.
4. Schneiden Sie für die Zähne mit dem dreieckigen Kerbmesser Rillen von oben nach unten in den Mund.
5. Nehmen Sie die Kürbissäge und unterteilen Sie Ober- und Unterkiefer.
6. Benutzen Sie das Kerbmesser zum Schneiden der Lachfalten.
7. Schneiden Sie Nasenlöcher, Augen und Augenbrauen mit der Kürbissäge aus.
8. Vollenden Sie den Kürbiskopf mit einigen Haaren durch Einschnitte mit dem V-Meißel. Die Pupillen der Augen stechen Sie mit einem kleinen Kugelformer aus.

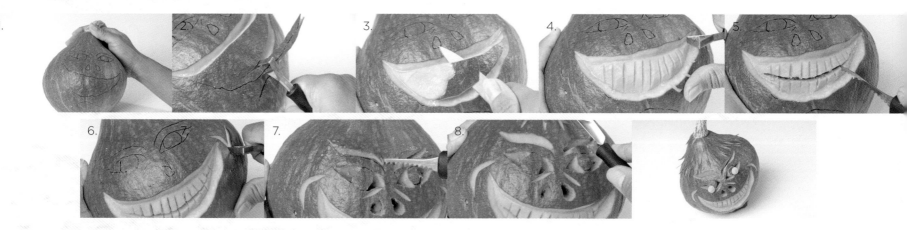

KOHLRABI-DAHLIE

1. Schälen Sie ein Stück Kohlrabi und schneiden mit einem mittelgroßen Kugelformer in der Mitte eine Halbkugel heraus. Ersetzen Sie diese später mit einem anders farbigen Gemüse.

2. Schneiden Sie mit einem gerillten (alternativ runden) Schnitzmeißel Einkerbungen rund um die ausgestochene Halbkugel.

3. Stechen Sie genau hinter den Einkerbungen schräg nach unten ein. Halten Sie den Schnitzmeißel etwas steiler. So entsteht die erste Reihe Blütenblätter.

4. Schneiden Sie mit demselben Schnitzmeißel in flacher Haltung zwischen zwei Blütenblättern das Fruchtfleisch heraus.

5. Schneiden Sie wieder genau dahinter schräg nach unten etwa 1 cm tief ein.

6. Wiederholen Sie Schritte 4 und 5 für mehrere Reihen von Blütenblättern. Vergrößert sich der Umfang der einzelnen Reihen, verwenden Sie einen etwas größeren Schnitzmeißel.

7. Schneiden Sie die letzte Reihe Blütenblätter mit dem Schnitzmeißel gut 2 cm tief ein, dann können Sie den Rest des Kohlrabis von der Blüte brechen.

GURKE UND RADIESCHEN

1. Verwenden Sie die Endstücke der Gurke.

2. Schneiden Sie mit einem kleinen, runden Schnitzmeißel (oder mit einem V- Meißel) von der Oberkante Richtung Ende gleichmäßige Rillen in die Schale. Diese Rillen müssen sich am unteren Ende treffen. Es darf unten kein Abstand zwischen den Rillen entstehen.

3. Entfernen Sie mit einer drehenden Bewegung den Mittelteil der Gurke.

4. Nehmen Sie jetzt ein kleines Radieschen und schneiden Sie mit einem V- Meißel rundherum feine Kerben von oben nach unten.

5. Stecken Sie mit einem Zahnstocher das Radieschen in die Gurkenblume und legen Sie es in kaltes Wasser. Dabei werden sich die Blütenblätter weiter öffnen.

RETTICH-SPIRALDREHER

1. Ziehen Sie mit einem Wellenschneider (oder alternativ dreieckigem Kerbmesser) Rillen in den weißen Rettich.
2. Nehmen Sie den Rettich-Spiralschneider und stechen Sie den Metallstab tief in den Rettich.
3. Setzen Sie in drehender Bewegung die Spirale am Rettich an und drehen sie in den Rettich.
4. Drehen Sie eine Spirale von beliebiger Länge.

ZUCCHINI-BLATT

1. Schneiden Sie von einer Zucchini (alternativ Gurke) größere Stücke ab, entsprechend der Große des Blatt-Ausstechers.
2. Verwenden Sie den Blatt-Ausstecher, um die Grundform eines Blattes zu erhalten.
3. Nehmen Sie ein dreieckiges Kerbmesser (alternativ einen V-Meißel) und ziehen Sie eine Einkerbung von der Spitze zum Stiel des Blattes.
4. Ziehen Sie noch einige Kerben beidseitig von der Seite zur Mitte, schräg am Blatt nach vorne verlaufend.

CHICUCINA®

kochen nach den 5 Elementen

CHICUCINA® - EIN ENERGIEVOLLES FOOD-KONZEPT

Beruflich und privat dominiert in der heutigen Zeit Hektik, Druck und Multitasking rund um die Uhr. Die Ruhephasen werden immer kürzer und die Ernährung hat nur noch einen geringen Stellenwert. Die Kochlust geht mehr und mehr verloren, obwohl die Kochsendungen im TV boomen.

Sehr oft stehen Fertigmahlzeiten und Fast Food-Gerichte auf dem Menü-Plan. Auf Dauer wird diese Lebensweise nicht ohne Folgen bleiben. Früher oder später hat unser Körper mit den Auswirkungen zu kämpfen, wenn stärkende und energievolle Mahlzeiten ausbleiben. Viele streben an, diese Mangelerscheinungen mit Medikamenten und ihren Nebenwirkungen oder Nahrungsergänzungsprodukten auszugleichen.

Bei CHICUCINA® geht es darum, die energetischen Prozesse im Körper in der Balance zu halten und die Energie = Chi aus der Nahrung bestmöglichst aufzunehmen. Dieses Chi benötigen wir für die Abwehrkräfte unseres Immunsystems, den Erhalt unserer Körperwärme und für eine kraftvolle Verdauungsarbeit.

CHICUCINA® - FOOD-KONZEPT FÜR DIE GASTRONOMIE

Zur Gastronomie zählen nicht nur die öffentlich zugänglichen Restaurants und Hotels, sondern auch Betriebsrestaurants, Krankenhäuser, Seniorenheime, Schulen und Fortbildungsinstitute sowie sonstige Verpflegungseinrichtungen.

In einer Zeit des Umdenkens hinsichtlich der Ernährung hinkt die gesamte Gastronomie weit hinterher und hat nur in Ausnahmefällen attraktive und durchdachte Ernährungskonzepte parat. Leider steht in vielen Betriebsrestaurants nach wie vor die Currywurst auf der Hitliste des Speisenangebots, und in Krankenhäusern kann die servierte Ernährung den Genesungsprozess nicht unterstützen.

Was passiert eigentlich, wenn ein Mitarbeiter den geliebten Schweinsbraten mit Knödel verzehrt und danach mindestens zwei Stunden sowohl körperlich als auch geistig nicht mehr zu Höchstleistungen fähig ist? Heute liegt es auch in der Verantwortung der Küchenzunft, Schülern, Mitarbeitern, Patienten und Restaurantgästen neben einer geschmacklichen Mahlzeit ein Stück Gesundheit und Wohlbefinden zu servieren.
Das Speisenkonzept CHICUCINA® übernimmt diese wichtige Verantwortung, und aus einer Vision wurde Wirklichkeit!

CHICUCINA® verknüpft emotionale und gesundheitliche Aspekte und wirkt positiv auf Körper und Seele.

Das Speisenkonzept wurde auf Basis der Ernährung nach den 5 Elementen entwickelt. Dabei wurde diese ganzheitliche Philosophie, deren Ursprung wir in der Traditionellen Chinesischen Medizin (TCM) finden, für die Gastronomie praktisch anwendbar gemacht.

CHICUCINA® ist keine Theorie, sondern wird mittlerweile in modernen und innovativen System-Gastronomiebetrieben in Deutschland angeboten. Erfreulicherweise zeigt sich, dass das Interesse an einer harmonischen und energetisch durchdachten Küche, die gleichzeitig Gaumenfreuden spendet, sehr groß ist.

Entscheidend ist der sinnvolle Einsatz von Lebensmitteln in Bezug auf ihre energetische und thermische Wirkung. Beispielsweise geben Geschmack und Temperaturverhalten Auskunft, wie die Lebensmittel auf Organe oder Psyche und auf das energetische Gleichgewicht im Organismus wirken.

Dieses Wissen um die energetischen Eigenschaften von Lebensmitteln finden wir nicht nur in den Überlieferungen der Chinesen. Auch in alten Schriften der Klostermedizin oder bei Hildegard von Bingen sind die Wirkungen bekannt. Und so werden wir auch immer wieder in „alten Weisheiten" wie in Omas Kochrezepten fündig werden.

Die Chinesen sind aber die einzigen, bei denen das Wissen über die Wirkung der Lebensmittel ungebrochen überliefert wurde und die diese Überlieferungen im Rahmen der Traditionellen Chinesischen Medizin weiter entwickelt haben.

CHICUCINA® – DIE 5 PRINZIPIEN

1. Gesundheit
Alles ist essbar! Es ist nur eine Frage der Zubereitung und Kombination der einzelnen Bestandteile.

2. Jahreszeit
Je frischer die Nahrung, desto höher und wertvoller ihr Energiegehalt. Eine Berücksichtigung der Saisonzeiten und die Verwendung regionaler Zutaten bringen reife und energievolle Lebensmittel auf den Tisch.

3. Harmonie
Authentische Gerichte und die Verwendung der 5 Geschmacksrichtungen in Kombination mit den thermischen Eigenschaften der Lebensmittel sorgen für ein harmonisches Zusammenspiel.

4. Energie
Wärme ist Energie! Eine schonende Zubereitung und das Verstärken und Ausgleichen der thermischen Wirkung der Lebensmittel machen die Speisen besonders energievoll und verhindern ein Verdauungskoma nach dem Essen.

5. Wohlgefühl
Die Praxis der Bekömmlichkeit ist in den Speisen spürbar - bei CHICUCINA® fühlen Sie sich wohl und gesättigt, anstatt voll und belastet.

CHICUCINA® – POSITIVE AUSWIRKUNGEN

Gesundheit	▶ Förderung unseres höchsten Gutes
Lebensfreude	▶ Wohlbefinden zu jeder Tageszeit
Dynamik	▶ Aktivität und Schaffenskraft
Harmonie	▶ Ausgeglichenheit und Gelassenheit
Gourmetfreude	▶ Genuss und Vielfältigkeit in der Kreation

CHICUCINA® - DIE VIELFALT

Alles ist essbar, wenn eine natürliche Ausgewogenheit durch jahreszeitliche, saisonale und thermische Einflüsse und durch intelligente Anwendung aufgrund des Wissens über die Wirkung der Lebensmittel berücksichtigt wird.

Die Rezepte dieses Speisenkonzepts basieren überwiegend auf der mediterranen und südostasiatischen Küche. Das Angebot umfasst somit gleichermaßen ein deutsches Regionalgericht als auch eine italienische Spezialität. Die Rezept-Kompositionen sind authentisch, d.h. es gibt keine Vermischungen unterschiedlicher regionaler Küchen, und jedes Rezept bleibt immer in seiner Originalität erhalten.

CHICUCINA® – DER VERGLEICH

In der westlichen Ernährungslehre analysieren wir lediglich die Nährstoffe und Brennwerte, orientieren uns an Details und teilen die Lebensmittel nach Eiweiß, Kohlenhydraten, Fetten, Vitaminen und Mineralstoffen ein.

Doch Energiegewinnung aus der Nahrung und Gesundheit ist weit mehr als die Summe einzelner Bausteine. Es gibt sehr wenig ganzheitliche Ansätze, die den Menschen und sein Wohlbefinden berücksichtigen.

Ernährung ist eine lebenslange Form der Gesundheitspflege und bildet die Basis der chinesischen Präventivmedizin. Dieses chinesische Denken beruht auf der Vorstellung, dass Energie die Materie durchdringt und sie verändert.

Das bedeutet, Werte nutzen nur dann, wenn sie verwertet werden können. Fehlt es an Verdauungsenergie, dann können die Lebensmittel nicht verwandelt oder verdaut werden. Ganz banal ausgedrückt, sind unverdaute Nahrungsreste im Stuhlgang ein Zeichen dafür, dass die Nahrung nicht optimal „verstoffwechselt" wurde und keine Energie daraus gewonnen werden konnte.

Für eine optimale Verwertung und Energiegewinnung können nicht nur einzelne Bausteine und ihre Inhaltsstoffe berücksichtigt werden, sondern auch ihre Wirkung im Körper, was ein maßgeblicher Faktor ist.

Die Ernährung nach den 5 Elementen ist eine zeitgemäße, ganzheitliche Ernährungslehre, die auf klassischen Gesundheits- und Ernährungsprinzipien beruht und deren Grundlagen in der TCM zu finden sind.

Dabei werden die Auswahl der Lebensmittel, ihre thermischen Eigenschaften, die Wirkung der 5 Geschmacksrichtungen und entsprechende Kochmethoden mit Berücksichtigung der Saisonzeiten harmonisch kombiniert.

Dieser ganzheitliche Ansatz ist in vielen Kulturen, wie z. B. auch in der mediterranen Küche zu finden.

FAZIT: Das CHICUCINA® Speisenkonzept wird von einem ganzheitlichen Ansatz geprägt und bietet Erkenntnisse und Ergebnisse einer gesunden Ernährung mit Langzeitwirkung und Nachhaltigkeit. Das ist ein völlig anderer Ansatz als bei neuzeitlichen Entwicklungen in der Gastronomie, die teilweise in den Laboren der Ernährungswissenschaft entstanden sind ohne Erkenntnisse über ihre Langzeitwirkung.

Zitat von Hippokrates:
„Lass Nahrung deine Medizin sein und die Medizin deine Nahrung."

CHICUCINA® - VORBILD NATUR

Die Natur bietet uns alles zum richtigen Zeitpunkt und genau dann, wann wir es benötigen. Weshalb sonst wachsen die erfrischenden Tomaten in der Sommerzeit, um uns zu kühlen und weshalb liefert uns wohl der Kohl das wertvolle Vitamin C für die kühle Winterzeit?

Nehmen Sie das Beispiel Südfrüchte, die in einem sehr heißen Klima wachsen und in ihrer thermischen Wirkung kühlend bis kalt = Yin sind. Sie unterstützen die Menschen in diesen Regionen, die mit großer Hitze = Yang zu kämpfen haben. Deshalb ist es paradox, wenn wir in der kalten Jahreszeit große Mengen Südfrüchte aufgrund der Vitamine verzehren. Bei uns sind im Winter schon immer regionale Vitamin C-Lieferanten verfügbar, wie z.B. Rosenkohl und andere Kohlsorten, Meerrettich, Hagebutten u.v.m.

Der ganzheitliche Ansatz von CHICUCINA® beruht auf der Erkenntnis, dass regionale Lebensmittel um uns herum wachsen und zur passenden Erntezeit verzehrt werden. Die Natur hat sie uns für die Gesundheit gegeben.

„Jedes Ding zu seiner Zeit lautet das Geheimnis einer bekömmlichen Ernährung."
In der TCM ist dieses Geheimnis im Yin- und Yang-Modell beschrieben.

CHICUCINA® – IM GLEICHGEWICHT MIT YIN UND YANG

Yin und Yang sind die zwei Seiten der Medaille und Begriffspaare, die die Gegensätzlichkeiten repräsentieren, wie z.B. Dunkelheit und Licht, Mond und Sonne, Nacht und Tag, Nord und Süd, weibliches und männliches Prinzip, kühlende oder wärmende Nahrungsmittel.

Sie stehen sich nicht starr gegenüber, sondern sind in Abhängigkeit zueinander und in Bewegung und folgen dabei einem bestimmten Rhythmus genau wie die Jahreszeiten oder die 24 Stunden eines Tages.

Yin steht im Körperlichen für die menschliche Substanz, wie Haut, Haare Knochen, Blut und Körpersäfte. Yin ist vergleichbar mit einer Kühlflüssigkeit, die uns zur Ruhe kommen lässt, für einen erholsamen Schlaf und gute Nerven sorgt.

Yang repräsentiert die immateriellen Teile des Körpers und steht für Wärme, Kraft und Energie, bringt Dynamik, lässt uns in Gang kommen, sorgt für einen guten Stoffwechsel mit starken Abwehrkräften.

Für die Gesundheit und das Wohlbefinden ist das Gleichgewicht von Yin (Ruhe) und Yang (Aktivität) ausschlaggebend.

In der TCM und im CHICUCINA® Speisenkonzept werden die Nahrungs-mittel in Yin und Yang klassifiziert und somit die thermische Wirkung berücksichtigt.

FAZIT: Das CHICUCINA® Speisenkonzept bringt durch eine bewusste Auswahl der Lebensmittel hinsichtlich Saisonkalender und der thermischen Wirkung der Nahrungsmittel Abwechslung, Vielfalt und Genuss beim Essen.

CHICUCINA® – THERMIK DER NAHRUNGSMITTEL

Ein scharfes Chili con Carne, eine ungarische Gulaschsuppe oder ein stark gewürztes Curry heizen kräftig ein, sind thermisch heiß und repräsentieren das Yang in diesen Speisen. Im Kontrast dazu stehen eine Joghurt- oder Quarkspeise, Südfrüchte und ein kühlender Obstsalat, die das Yin in den Nahrungsmitteln hervorbringt.

Die Gruppe der neutralen Nahrungsmittel enthält überwiegend die nahrhaften Vertreter der Speisen und sollte deshalb auch den Großteil der Ernährung ausmachen.

Die erfrischend-kühlenden und Yin-stärkenden Speisen helfen dem Körper bei Blut- und Säfteaufbau, dienen zur Befeuchtung und Kühlung. Die erwärmenden Yang-stärkenden Nahrungsmittel bringen Dynamik in den Stoffwechsel, stärken die Abwehrkräfte und wärmen von innen.

Auch die Zubereitung der Speisen hat eine Auswirkung auf die Thermik der Nahrungsmittel und kann ganz gezielt eingesetzt werden.

Durch Grillen, Braten, Backen, Rösten oder langes Kochen werden die Speisen erwärmt und „yangisiert". So ist beispielsweise kühlendes Obst als Kompott durch Zugabe von wärmenden Gewürzen, wie Zimt, Nelken und Kardamom auch an kalten Tagen geeignet.

Die „yinisierenden" Kochmethoden, wie z.B. dünsten, dämpfen, blanchieren, kochen in wenig Wasser oder durch Zugabe von Obst, Joghurt und Fruchtsäften können „hitzige" Speisen gemildert werden.

CHICUCINA® - PRAKTISCHE UMSETZUNG

Bei der Zubereitung wird auf schonende Garmethoden geachtet.
Berücksichtigt wird auch die Tatsache, dass sich das Temperaturverhalten eines Lebensmittels durch die Zubereitungsart verändern lässt.

Eine Tomate ist beispielsweise im rohen Zustand thermisch kalt. Sie wächst im Sommer und kann uns in der warmen Jahreszeit eine erfrischende Thermik bieten. Wird sie gekocht, dann verringert sich die abkühlende Wirkung. Wenn dann beispielsweise noch wärmende Gewürze wie Rosmarin, Pfeffer und Knoblauch hinzugefügt werden, wirkt sie noch weniger kühlend.

So hat nicht nur die Auswahl der einzelnen Zutaten und die Berücksichtigung der Saison, sondern auch die Zubereitungsart und Kochmethode, wie z. B. dünsten, dämpfen, braten, grillen usw. einen Einfluss auf den energetischen Zustand der Speisen.

Dieses komplexe Wissen finden Sie in keinem modernen Ernährungskonzept. Sie vertiefen meistens nur einzelne Schwerpunkte, betrachten aber nicht das harmonische Ganze.

In unserem Körper werden bei der Speisenaufnahme keine einzelnen Bestandteile verspeist und angeliefert, sondern es kommt ein Gesamtpaket zur „Verstoffwechslung" im Verdauungstrakt an, das auch im Ganzen eine Wirkung hinterlässt.

In den Speisen von CHICUCINA® sind alle 5 Geschmacksrichtungen beinhaltet und dienen der optimalen Stoffwechsel-Funktion. Nicht umsonst bedienen wir uns der Bitterstoffe, wie z. B. in einem Espresso oder in einem Digestiv mit bitteren Kräutern nach einem üppigen Mahl.
Sinnvoller wird das bei CHICUCINA® umgesetzt und bereits in den Speisen und Menüs integriert.

Dieses Wissen erklärt auch die Prise Salz im süßen Kuchen bei Omas Backrezepten. In alten Rezepturen finden wir diese Überlieferungen, aber leider ist es in unserer Kultur lediglich in Rezepten notiert, ohne dass die Hintergründe im Detail erläutert werden.

FAZIT: Bei CHICUCINA® wird altes Wissen und die Funktionalität des Stoffwechsels gezielt berücksichtigt. So vereint CHICUCINA® das östlich dokumentierte Prinzip über die Wirkung der Lebensmittel mit unseren regionalen Zutaten.

CHICUCINA® - NATÜRLICHKEIT UND ANWENDBARKEIT

Herkömmliche Speisenkonzepte sind oftmals schnelllebige Konzepte, deren Wirksamkeit rasch überholt ist. Was heute trendy ist, steht vielleicht bald schon wieder auf der Out-Liste. Was heute noch als Ideal gilt, das kann schon morgen wieder völlig überholt sein. Die Wahrheit von heute ist in unserer schnelllebigen Zeit oftmals die Lüge von morgen. Das sehen wir bei den technischen Errungenschaften bis hin zu den Ernährungsratgebern. Hinzu kommt, dass wir uns immer mehr von der Natur entfernen.

Ein zweifelhafter Trend für Lebensmittel mit Zusatznutzen tischt uns die Industrie auf. Sind diese funktionellen Lebensmittel wie Eiweißbrot, laktosefreie Produkte oder glutenfreie Brötchen wirklich sinnvoll? Benötigen wir Geschmacksverstärker und chemische Zusatzstoffe in der Nahrung?

Neumodische Speisenkonzepte stehen diesen Trends meist offen gegenüber und verwehren sich auch nicht gegen Industriegewürze oder einen Convenience-Anteil.

Bei CHICUCINA® werden natürliche und ursprüngliche Produkte verwendet.

Besonders im Bereich Würzen und Abschmecken liegt der Fokus auf Kräutern und wertvollen Gewürzen unter Berücksichtigung ihrer Wirkung und Eigenschaften in Bezug auf Körper und Stoffwechsel.

FAZIT: Sicherlich gibt es auch neumodische Speisen- und Wellness-Konzepte, die auf Natürlichkeit ausgerichtet sind und die chemischen Zusatzstoffe vermeiden.

Beim CHICUCINA® Speisenkonzept werden die natürlichen Produkte und ihre Wirksamkeit berücksichtigt. Diese Anwendung und die Umsetzung des Wissens sowie die alten Weisheiten über die Wirkung unserer Nahrung zeichnen das Speisenkonzept in seiner Einzigartigkeit aus.

CHICUCINA® - GESUNDHEITSWERT

Aufgrund der Verwendung von Frischprodukten in hoher Qualität, der frischen Zubereitung und des Wissens um passende Verdauungshilfen haben die Speisen eine dynamisierende Wirkung auf den Stoffwechsel.

Beim CHICUCINA® Speisenkonzept kommen die natürlichen Verdauungshilfen in Form von Kräutern und frischen Gewürzen zum Einsatz, die den Stoffwechsel auf Trab bringen und einem Verdauungskoma nach der Nahrungsaufnahme mächtig entgegenwirken.

Es hat schon seinen Sinn, warum das Kraut mit Kümmel gekocht und ein Sauerbraten einige Zeit mit Wacholder und Lorbeer in Wein und Essig eingelegt wird.
Ein weiterer Aspekt des CHICUCINA® Speisenkonzepts ist die Frische und Qualität der verwendeten Produkte, die aufgrund der Berücksichtigung der Saisonzeiten ihren Reifegrad erreichen und dadurch viele Inhaltsstoffe liefern.

Auch eine schonende Zubereitung mit entsprechenden Garmethoden und kurze Stehzeiten der Speisen bewahren diese wertvollen Inhaltsstoffe.

FAZIT: Ein hoher Qualitätsanspruch der Lebensmittel, schonende Kochmethoden in Kombination mit Frische unter Berücksichtigung wertvoller Verdauungshilfen schafft das Optimum für Vitalität und Leistungsfähigkeit. So werden Lebensmittel auch wieder Mittel zum Leben und dienen der Gesundheit!

CHICUCINA® - WIRKUNG AUF DEN KÖRPER

Die westlichen Ernährungsempfehlungen sind oftmals nur auf Einzelwirkungen ausgelegt und haben keinerlei Betrachtung auf ein harmonisches Zusammenwirken der einzelnen Bausteine.

Beim CHICUCINA® Speisenkonzept wird ein komplexes Zusammenspiel angewendet: Lebensmittel werden nach ihren 5 Geschmacksrichtungen und der thermischen Eigenschaft klassifiziert und gezielt eingesetzt.

Das Herzstück und Grundprinzip des CHICUCINA® Speisenkonzepts ist genau die Kombination und Verbindung dieser beiden Aspekte: die Wirkung unserer Nahrungsmittel in Bezug auf Geschmack und Thermik.

Der saure Geschmack wirkt zusammenziehend, bewahrt die Körpersäfte und bringt Enzyme.

Etwas frischer Zitronensaft in einem Sommergetränk bewahrt vor extremem Schwitzen und hilft die Körpersäfte zu erhalten. Die Organe Leber und Galle werden besonders durch den sauren Geschmack beeinflusst.

Kleine Mengen saurer Nahrungsmittel unterstützen mit ihren Enzymen die Verdauung. Dieses alte Wissen finden Sie auch in klassischen Rezepturen, wie z.B. ein Teelöffel Essig bei Linsengerichten und eine Zitronenscheibe zum panierten Fisch und Fleisch.

Der bittere Geschmack leitet nach unten und unterstützt die Fettverdauung. Bitterstoffe regen die Transformation und den Stoffwechsel an. Es gibt sie in Gewürzen, wie z.B. Kurkuma, Paprikapulver und in mediterranen Kräutern (frischer Rosmarin, Thymian oder Oregano). Auch die bitteren Blattsalate wie Chicoree, Radicchio oder Rucola sind sehr empfehlenswert. Allerdings ist anzumerken, dass die künstlichen Bitterstoffe, die beim Rösten (Kaffee) oder Fermentieren (Rotwein) entstehen eine gegenteilige Wirkung haben, austrocknend wirken und daher nur in kleinen Mengen genossen werden sollten.

Der süße Geschmack hat eine nährende und beruhigende Wirkung auf Körper und Geist. Er bietet jedoch wenig Dynamik, dient mehr zur Sättigung und Versorgung des Körpers und umfasst Fett, Eiweiß und Kohlenhydrate.
Getreide wie Reis, Dinkel, Hirse und Kartoffeln, Gemüse, Fleisch und Eier sowie Nüsse und Öle bilden den nahrhaften Hauptteil der täglichen Nahrung und sind in der Regel meist schwerer verdaulich. Aus diesem Grund dienen die anderen vier dynamisierenden Geschmacksrichtungen sauer, bitter, scharf und salzig als Stoffwechsel-Turbo.

Der scharfe Geschmack leitet nach oben und außen, öffnet die Poren, bringt den Stoffwechsel in Schwung, löst Stagnationen und bringt mit seinen Aromen eine hohe Dynamik.

Nahrungsmittel, wie z.B. Pfeffer, Muskat, Ingwer, Chili und auch Gemüsesorten, wie Rettich, Lauch und Zwiebeln wirken bewegend auf den Stoffwechsel und meist auch erwärmend. Scharfe Elemente in Speisen beleben die Sinne, bringen Aromen und stärken das Immunsystem.

Der salzige Geschmack leitet nach innen und in die Tiefe, wirkt auflösend und bringt wichtige Mineralien für den Körper. Alles, was aus dem Wasser kommt - Fische und Meeresfrüchte - sowie Hülsenfrüchte zählen zu dieser Kategorie. Auch Algen oder Würzmittel wie Soja-Sauce und Miso versorgen den Körper mit notwendigen Mineralien.

Chicucina® - Organuhr

Die Organuhr, ein Modell aus der TCM, beschreibt unsere innere Uhr und den 24stündigen Energiekreislauf. Jedes Organ hat jeweils für zwei Stunden eine energiereiche sogenannte Maximalzeit und genau 12 Stunden zeitversetzt seine inaktive und energiearme Phase.

An dem alten Sprichwort: „Iss morgens wie ein Kaiser, mittags wie ein Kaufmann und abends wie ein Bettler!" wird der Zusammenhang verständlich. Die Verdauungsorgane Milz, Magen und Pankreas (Bauchspeicheldrüse) sind am Vormittag zwischen 7 und 11 Uhr in ihrer Energiehochform.

In dieser Zeit läuft die Verdauung auf Hochtouren. Ohne Essen aus dem Haus zu gehen oder gar das Frühstück komplett ausfallen zu lassen, wäre pure Energieverschwendung, da wir die beste Tageszeit zur Verdauung nicht nutzen würden.

Genau 12 Stunden später, also zwischen 19 und 23 Uhr, befindet sich unsere Verdauung jedoch in einer schwachen Energiephase. Leider nehmen genau in diesem Zeitraum viele Menschen ihre Hauptmahlzeit ein.

CHICUCINA® - FAKTEN

Als Basis dieses Ernährungskonzepts dient die Ernährung nach den 5 Elementen – ein über 3.000 Jahre altes, festgeschriebenes, ganzheitliches Konzept und System, das in sämtlichen Kulturen angewendet wird.

Fühlbare Wirkung für jeden!

Alles ist essbar, wenn es intelligent eingesetzt wird!

Natürliche Ausgewogenheit durch jahreszeitliche und thermische Einflüsse und Berücksichtigung der Jahreszeiten.

Garprozesse und Kochmethoden werden der Saison und den Produkten angepasst.

Verzicht auf Industrieprodukte, insbesondere im Bereich Würzen und Abschmecken.

Verwendung aller 5 Geschmacksrichtungen von scharf bis salzig, bitter, süß und sauer in allen Rezepten als Stoffwechsel-Turbo.

Berücksichtigung der thermischen Eigenschaften der Lebensmittel und ihre gezielte Anwendung.

Ausbalancierte Menüs mit harmonischer Wirkung auf den Körper.

Orientierung an der Natur durch Berücksichtigung des jahreszeitlichen Kreislaufs und der Verwendung natürlicher Verdauungshilfen für Genuss und Bekömmlichkeit.

NOTIZEN

IMPRESSUM

AlpenZushi, Sushi aus der Heimat – neu interpretiert

VERLAG
ISA Verlag – Ganzheitlicher Verlag für Wohlbefinden und gesunde Lebensweise
Georg-von-der-Vring-Straße 21
D-73614 Schondorf

TEXTE
Alex & Angkana Neumayer, Wolfgang Wieland

REZEPTE
Alex & Angkana Neumayer, Wolfgang Wieland

FOTOGRAFIE
Areeya Claudia Neumayer

FOODSTYLING
Alex & Angkana Neumayer

GESTALTUNG UND DESIGN
Areeya Claudia Neumayer

UMSCHLAG COVER MALEREI
Cornelia Speck, Speicher Schweiz

PROJEKTLEITUNG
Wolfgang Wieland

LEKTORAT
Barbara Behrendt - adelsberger creativ media,
St. Johann im Pongau

DRUCK UND VERARBEITUNG
Delp Druck & Medien; Bad Windsheim

Printed in Germany

ISBN 978-3-9811970-5-1

Erste Auflage: November 2016

Haftungsausschluss
Die Studien und Erkenntnisse über die Rezepturen und Anwendungen in diesem Buch wurden sorgfältig re-cherchiert und sind nach bestem Wissen und Gewissen wiedergegeben. Dennoch sind Sie selbst in der Verant-wortung zu entscheiden, in wie weit Sie die Vorschläge der Autoren umsetzen möchten. Der Verlag und die Au-toren übernehmen keinerlei Haftung, egal welcher Art, die sich durch die Anwendung der Rezepte ergeben.

Besuchen Sie uns im Internet
www.kochenundkunst.at
www.gourmetcompetence.com
www.chicucina.com
www.isaverlag.de